创新心法

以人为本的力量

THE HUMAN SIDE OF INNOVATION

[意大利] 莫洛·普契尼
（Mauro Porcini）◎著

刘倩◎译

中国科学技术出版社

·北 京·

The Human Side of Innovation: The Power of People in Love with People by Mauro Porcini,
ISBN: 978-1-5230-0288-7
Copyright © 2022 by Mauro Porcini.
Copyright licensed by Berrett–Koehler Publishers arranged with Andrew Nurnberg Associates
International Limited.
Simplified Chinese translation copyright © 2024 by China Science and Technology Press Co.,
Ltd.
All rights reserved.
北京市版权局著作权合同登记 图字：01-2024-1001

图书在版编目（CIP）数据

创新心法 : 以人为本的力量 / (意) 莫洛·普契尼
著 ; 刘倩译 . -- 北京 : 中国科学技术出版社，2024.
9. -- ISBN 978-7-5236-1046-6
Ⅰ . F273.1
中国国家版本馆 CIP 数据核字第 20246JT929 号

策划编辑	任长玉	责任编辑	任长玉
封面设计	仙境设计	版式设计	蚂蚁设计
责任校对	吕传新	责任印制	李晓霖

出 版	中国科学技术出版社
发 行	中国科学技术出版社有限公司
地 址	北京市海淀区中关村南大街 16 号
邮 编	100081
发行电话	010-62173865
传 真	010-62173081
网 址	http://www.cspbooks.com.cn

开 本	880mm×1230mm 1/32
字 数	189 千字
印 张	9.125
版 次	2024 年 9 月第 1 版
印 次	2024 年 9 月第 1 次印刷
印 刷	大厂回族自治县彩虹印刷有限公司
书 号	ISBN 978-7-5236-1046-6 / F·1306
定 价	69.00 元

序一　创新之路：从愿景到现实 ✅

　　2018 年，我正式就任百事公司的首席执行官。当时，我便下达了一项举措，即每月组织一次为期两天的会议，公司高层齐聚，与我共同商讨公司的愿景与使命。第一次月度会议首天，我在休息期间找到首席设计官莫洛·普契尼（Mauro Porcini），让他完成一项特殊任务。我需要他成为领导团队中的"异类"，提出与众不同的想法。我要求他代入设计思维，质疑我们的假设。我要他和他在世界各地的团队给公司带来颠覆性的思维模式，这正是公司当下想要改变现状所需要的。

　　设计部自 2012 年成立以来，一直由莫洛领导。在前 6 年里，设计部始终秉承创业思维，担当创意先锋，不断推出各种高质量的作品。如今，我希望百事突破创新，完全由设计驱动发展，成长为世界上最以人为本和最具创新精神的公司。这就意味着设计需要从创业思维逐步转变为开拓思维，也就是说，莫洛及其团队需要在公司高层占据一席之地，同时拥有极高的话语权。

　　这种以人为本的创新方式的升级变得日益重要，它与我们所看到的社会变化直接相关——在过去几年里，这些变化尤其明显。人们希望无论何时，只要他们愿意购买，他们就能够以合适的价格获得想要的东西；他们希望产品既能满足己需，又能造福地球；他们还希望自己能够跟喜爱的品牌建立个人联系。换句话说，品牌建设与产品创新的未来，以及组织文化的未来，都要以人为本。

莫洛在本书中阐述了任何公司在大规模应用这种创新方式时应该采取的步骤。接下来，我将介绍两个我们百事公司的真实例子。

第一个案例涉及产品创新。专业苏打机（SodaStream Professional）是一款定制饮料机，可以在口味、功能成分、温度、碳酸化程度等方面实现定制化体验，瓶子和二维码可重复使用，限制了一次性塑料的使用，这款机器还能保存个人口味偏好，是我们打造个性化饮料选择生态系统的关键，有助于满足人们对健康、可持续生活的需求。这正是以人为本的意义所在：以人为本是一种创新方式，可以同时为个人与社会创造价值。

第二个案例与文化相关。我在第一次月度会议的首天找到莫洛时，并没有要求他设计一款特定的产品或提供什么特定的服务体验。我只是希望他可以畅所欲言，大胆表达，以主人翁的姿态工作，集中精力，来帮助公司转变文化。而这正是他一直以来都在做的事情，也是本书中重点谈论的事情。我给他提供了机会与平台，让他释放无穷潜力。今天，百事的所有产品组合都始终贯彻着设计主导的思维方式。人，作为我们的终端用户，无时无刻不在与我们建立联系。而通过这种文化，我们为他们也创造了各种各样的价值。

　　这两个例子都是莫洛从业20多年来所获得的见解，而这只是冰山一角。在这本书中，他深入探讨了倡导以人为本的创新型思维与策略，重点研究了如何推动团队与组织变革，内容非常引人入胜。同时，这本书也为那些渴望成为公司和品牌的领导人或普通读者提供了一幅精彩的蓝图。

　　　　　　　　龙嘉德　百事公司董事长兼首席执行官

序二　从创新者到独角兽 ✅

我一直喜欢设计语言——艺术性强、独具匠心、新颖独特、关注细节。设计是为数不多的通用语言，即便没有文字加持，也能唤起丰富的情感，好的设计也是好的商业。设计能够帮助我们找到全新有力的方式，让企业更加充满生机，吸引用户和合作伙伴，激发无限想象。以设计为主导的公司，顾名思义，就要注重以人为本，开拓创新。

我刚就任首席执行官时，便下定决心让设计成为公司未来不可或缺的组成部分。正因如此，我们在 2012 年便创建了第一支设计团队。我们知道，要想成功，就必须坚持以设计为业务核心。设计团队需要在决策过程中拥有发言权，同时，它也需要一位领导人：从会议室到时装店，他在任何所到之处都能赢得尊重。换句话说，设计团队需要莫洛·普契尼。

我第一次见到莫洛时，就知道他是一个独一无二的人。他对百事公司产生的影响力无人能比。我个人倾向于把百事的发展历程划分为以下两个阶段：莫洛加入公司之前与莫洛加入公司之后。莫洛加入公司之前，我们压根儿不知道优秀设计的重要性，更不用说如何将其融入工作了。而现在，全公司的员工都在争先恐后地等着跟莫洛及其团队探讨有关设计的一切事情，上到理念，下到执行。例如，百事限量版系列采用独特的设计思路展示全球各地不同的文化之美；环保型饮料机，限制了一次性塑料的使用，为可持续发展助力；创新型食品解决方案，重新定义人们的零食。

在本书中，莫洛使用设计语言帮助读者理解以人为本的设计理念。无论是针对品牌本身还是品牌打造者，他将人际联系抽丝剥茧开来，挖掘出打动人心的实质，找出令人兴奋的节点，发现激励人心的内核。

于莫洛而言，领导力是将设计从创新理念转变为创新产品的关键。只要你拥有远见卓识、执行力强、追求创新、勤劳能干、善良正直、尊重他人、开朗乐观，你就是"独角兽"。虽然有些人认为"独角兽"是天造之才，而非后天培养，可是，莫洛却不以为然。他认为，如果我们可以培养员工拥有以下三种关键才能，人人都能成为"独角兽"。

第一，胸怀企业家精神。这其实是要全方位培养一种"兼而有之"而非"非此即彼"的心态。也就是说，你既要锻炼分析能力，又要训练直觉思维；你既要承担巨大风险，又要谨慎行事。企业家精神融合了工商管理人才的精明悟性、首席技术官的专业技能与艺术家的独具匠心。

第二，怀揣同理之心领导他人。为了推动以人为本的创新，你必须成为莫洛所说的"关爱他人的人"。你要花些时间多去了解你的同事，要为人友善、真诚待人、保持尊重，让他们觉得你值得信赖。不要把自己太当回事儿。要懂得拿捏时间，该玩的时候玩，有时可以组织自费活动——这大概就是危在旦夕的团队与步入正轨的团队之间的区别。

第三，帮助他人取得成功。世上最高的赞美莫过于"这个人让周围的人变得越来越好"。涉及以人为本的创新时，每个人都需要处于最佳状态。身为领导人，即使你会感到不舒服，你也要保持求知欲、自信果断地鼓舞他人，并为你的同事创造空间，让他们突破界限。

归根到底，莫洛想要表达的是，就算不是首席执行官或首席设计官，你也要拥有这些才能，坚持以人为本，开展创新与领导工作。任何人都可以做到，而本书可以成为你的指南。我希望你今天就开始行动起来。

卢英德　百事公司前董事长兼首席执行官

不冒险，无创新

目 录 ⊘

引言　爱，驱动创新的原动力

创新是一种爱的表达，或者，创新最起码应该如此，也该始终如此。创新让我们怀揣同理之心，尊重他人，为人慷慨，它是一个人对另一个人的无私奉献。这是我希望创新该有的样子。我希望我的孩子及他们的后代，乃至当今与未来社会都保持这种创新。绝佳的创新应该是一种意义非凡、实际可用、出色动人、可持续的创新，是一种持续改善现状，不断造就未来的创新。这就是我们所处的新世界所需的创新。究其原因，从道德层面来讲，创新是解决一切问题的源头与终点，尽管现状并非经常如此。还有一个原因，如今社会变得更加全球化、技术化与数字化，无论是企业还是个人，我们都逐渐将道德目标与商业目标保持一致，所以，创新也变得日益重要。创新作为一种爱的表达，也渐渐成为当今商业世界的必然选择。

当然，现实也会例外。我们周围存在着成千上万的产品、品牌和服务，它们代表着截然不同的逻辑结果。而如今，世界瞬息万变，我们别无选择。我们已经来到了真正的历史转折点，需要学会理解、及时庆祝，并不断推动其发展。很多企业

001

为了一己私欲，为利益所支配，选择牺牲用户甚至社会，来谋求那些自私自利的创新。那些平凡普通、考虑不周、缺少人性的创新已逐渐脱离时代的队伍，没有任何回头路可走。如今，我们面对着这样一个世界：全球化不断向前，超级链接逐渐普遍，一切都处在高速发展之中。在这种背景下，旧世界走向创新的传统壁垒正在逐渐瓦解。我们经过不懈探索，选出了当前这条真正适合发展的创新之路。创造个人与社会价值是设计的首要目标，金融与经济价值次之。

可是，实现真实、深入且持久的创新并非易事。它并不只是产生于流程、数据或工具，也不是从人工智能、金融分析和经济计划中自发冒出来的。实际上，这种创新早已根植于某类人的脑海，自然而然地发展。这类人常常拥有远见卓识，怀揣远大梦想，追求真实，为人真挚，始终相信他们的愿景与梦想终会实现。这种创新如同一团熊熊火焰，势不可当，在他们的心中肆意燃烧、发光发热。而且，它透过身体肌肤不断吸纳新鲜空气，进而在种种行动中爆发开来。这种创新源于有胆有识的人，毕竟，他们能够理解他人的需求与梦想，能够用全新独特的视角看待问题，并找到前所未有的解决方案。这个世界上存在着这样一类人：他们深深折服于人间的深情厚爱，还不断渴望为周围的人及社会带来实际价值。本质上来讲，正是因为他们的存在，创新才会诞生。他们就是关爱他人的人，我喜欢这样称呼他们。

创新应始于个人生活

所有的创新都不是在专业场景中发生的。在一生中，我们每个人都在以这样或那样的方式不断被要求创新。有些人决定接受邀约，去寻求创新，而其他人则避之不及。对于一些人来说，迫于环境压力，创新是唯一的选择，也是他们的义务。有些人坚持不断创新，还有些人几乎墨守成规。我们决定找一份全新的工作，让自己全身心投入到意想不到的项目中，搬到新的城市生活，加入一个不同以往的社区，学习演奏一门乐器，结束一段糟糕的关系等，其实都是在为自己创新。我们或多或少都有过上述经历，当然，也可能遇到无数其他的事情。我们在其中都扮演着双重角色：创新者与目标受众，我们既是爱人之人，也是被爱之人。无论是否自愿，我们都在自己的生活中不断追求着创新，这是爱自己的表现。很多人不懂得自爱，也不知如何为自己创新，他们几乎不会关爱他人。因此，他们也很少为他人创新。创新心态与个人生活以及职业生活都密切相关。

我希望通过本书让你知晓一件事情——整个世界正在发生翻天覆地的变化，迫使我们在个人生活与职业生活中尝试前所未有的创新，并通过一种全新的、人性化的视角关注他人。我想要跟你分享那些创新者和受益者的故事。我希望与你携手，踏上一段私人旅程，探索以人为本的创新。本书并不注重流程与工具，也不会单单罗列案例研究和真实项目。相反，本书关注个人故事，透过真实人物的口吻，娓娓道来。本书聚焦以人为本的创新，让人沉浸其中，尽情体验、感受、想象与付出。当然，我会提及流程与工具，引用一些案例研究与真实项目。但我这样做，只是为了增添色彩、调节氛围、补充细节，让整个故事更加立体化。接下来，我会描述一下当前剧变的社会，然后引入话题，深入探讨一些我在职业生涯中参与过的项目。我将以个人口吻，穿插一些私人经历，采用逻辑清晰、饱含情感的语言跟你分享这些故事。

你也可以做到

可是，第一部分只是准备阶段。我将在这部分讲述一些事实，为分享那些我最爱的故事做好铺垫。这个故事的主人公是创新者——他们不断寻找新点子，追求有意义、有价值的创意。他们希望在追寻中不断改善其他人、社会乃至地球的状况，更理想的话，还可以改善自己的生活。一些人为了自己和身边人的幸福不断创新，寻找最好的自己。他们同样是故事的重点。此外，还有一些人会将生活视作一趟旅程，在旅程中不断成长、进步——无论天赋与背景如何，我们大家都别无二致，这也是我分享的核心。在人生旅程中，我们会接受教育、培养意识、学会牺牲和激发热情，然后不断成长。在这个过程中，个人的卓越发展离不开集体的力量，而这也为整个社会创造了卓越：民主卓越。这种卓越经过不断传播，造福了所有人，包括穷人、富人、强者和弱者等。这种卓越理念既兼具人性，又充满人文情怀。

创新基因

20 世纪 70 年代，我出生在意大利北部的加拉拉泰小镇。小镇坐落在阿尔卑斯山脉与米兰之间，有着两种截然不同的景象：一边是伦巴第引人入胜的湖泊山脉，另一边是意大利经济首都（米兰）紧张忙碌的生活。

小时候，我对创新一无所知。我甚至都不知道它跟任何一种工作有什么关联。我年轻的时候，一心想要成为一名艺术家或者作家，我喜欢画画和写作。这两件事对我来说易如反掌，可我最终成为一名设计师，这纯属偶然。

我出身于意大利的一个中产阶级家庭，跟其他家庭一样，父母为了送自己的孩子上学读书，做出了无数的牺牲。我的家里只能供养孩子读完大学，之后孩子就需要自己去寻找道路，追求梦想。换句话说，我完成学业后，就必须马上步入社会，参加工作谋生。在意大利，无论你的成绩如何，或就读何种学校，想找到一份好工作都绝非理所当然，就业形势相当严峻，这就是我从小到大所有梦想都以实用为主的原因。毕竟，我一旦毕业，就必须找到一份稳定的工作。而这一点变幻莫测，恰恰限制了我未来的道路，让我的人生充满了不确定性。

我的父母非常确信，当时在我们国家，要想找到一份与艺术或写作相关的稳定工作并不是那么容易。对于一个从未离开过意大利的家庭来说，出国谋生简直是痴人说梦。

最后，我决定听取父母的建议，我相信他们的经验和学识，选择到米兰理工大学学习建筑学。这门学科可以给我带来一些实际的工作机会，而且它也最接近于我所喜欢的艺术领域。此外，我的父亲学的就是建筑学，他一直是我灵感的源泉——虽然他实际上是一名建筑师，但他在骨子里和日常生活中，更像是一名艺术家。

然而，在入学考试前几周，发生了一件事情，彻底打破了我的所有计划。那是 1994 年一个炎热夏天的下午，我记得格外清楚，就像昨天一样历历在目。当时，我在家里接到一个电话。来电的是我的高中朋友乔瓦尼·马丁嫩戈（Giovanni Martinengo）。他告诉我意大利首次开设了一门全新的学科——工业设计，去年刚由米兰理工大学推出。乔瓦尼正在考虑参加入学考试。在这之前，我压根没听说过这门学科。"工业"和"设计"两个词组合起来，非常新颖有趣，创造出一条崭新道路，让我无比惊奇。"设计"这个词说出了我的梦想以及我对艺术和创造的痴迷，而"工业"这个词既彰显实用色彩，又与商业挂钩，让人产生强烈共鸣。

我完全不清楚这门学科能够给我带来什么样的工作：设计对我来说是新世界。但是，"工业"和"设计"这两个词简单明了，为我搭建了连接梦想与现实、艺术与商业、激情与劳动的完美桥梁。因此，我决定全身心投入到这门学科中。马丁嫩戈根本没有参加考试，他实际上成了一名工程师。而我参加了考试，在成千上万名考生中位列第一。从此，我踏上了一条全新的道路，没多久，便接触到了这世上最美丽的职业——设计师。

未知与不同的吸引力

这一选择，这一跃入虚空的举动，凝聚了我过去四十多年来职业生涯与个人道路上的许多特点。如果我当时没有勇气投入到这个完全陌生的学科中，我就永远无法发现这一崭新的世界，一个创造力无处不在的世界，一个对整个社会具有重要影响力的世界，一个我已经完全爱上了的世界。

我总是对未知事物反复着迷，这成为我人生的一大主题。我常怀着极大的好奇心去寻找崭新的世界，也莫名地勇于沉溺其中。我发现，我可以在这种未知的状态中找到自己的舒适区。这一点不仅适用于我的职业道路：无论是乘坐飞机、订购酒店来达成实地旅游，还是通过互联网和想象实现虚拟旅游；无论是在亲密旅行中与朋友或陌生人进行交流，还是在公共场合出于好奇观察身边的人和事，我总是着迷于全新的环境与不同的文化，进而不断探索。

我的内心总是感到紧张。我在意大利郊区的自然环境中长大，从小身边就围绕着各种自然景象，环境惬意，独具魅力，我也常常沉浸其中。这种景象早已深深根植于脑海，不曾离开。可是，城市的灯红酒绿总是吸引着我。我一直生活在两个截然不同的世界之间，一边是树木丛林、花团锦簇，一边是沥青道路、高楼建筑。米兰和罗马是我最先认识的两个大都市。从全球范围来看，它们也许形同村庄。可是，我出身于城郊小镇，按我的标准来衡量，米兰和罗马就是充满神秘、广阔无边的大都市。它们的结构设计得很巧妙，灵活融合传统与现代元素，在神圣与世俗间无限张弛，在天地之间搭起交流桥梁，这都让我欢喜不已。对我来说，艺术与建筑早已成为人类从想象、规划到执行能力的有形标志。

这座城市令我兴奋，让我好奇。可是，从本质上来讲，这种好奇早已超越了对"不同"城市的单纯探索。在罗马或米兰这样的大都市，最吸引我的不是所闻所遇的事物，而是我所闻所遇的可能性。我常常被这种"可能性"与"多样化"所吸引，也就是说，我对那些未知事物、可能发生的一切都很感兴趣。置身于大都市，可以发现一些更加具体化的事物，我无法在一瞬间吸收或者完全理解它们，就像在一个可以产生无限共鸣的旅途中，虽然缺少明确目标，但有着明晰的方向——朝着探索的方向前进。在这个过程中，我需要抽丝剥茧，一点点地领悟奥秘，一次次地体验未知。

有些人逃避未知，安于稳定。他们害怕未知与变化，更害怕与其抗争，而我一直对未知非常着迷。就这样，我从小就开始寻求可能性，并将其转变为实际行动。我从自己身上、他人身上、任何地方、任何活动、任何经历中到处寻找未知。

一天晚上，我和好朋友丹尼斯·德柯维克（Denis Dekovic）

在纽约的一家餐馆里吃饭，他当时是阿迪达斯公司的设计主管。他用了一个诗情画意的景象来形容我："莫洛，你就像一个稻草包，随时都可以燃烧起来，你总是在寻找能够点燃你的火苗！"我把自己想象成稻草，轻飘飘的，悬浮在空中，身处在全新的世界与文化里，对一切充满未知与不确定性的事物着迷。这神圣的火苗就是创新的雏形，对未知事物的热爱渐渐塑造出它的内核，对世界的好奇探索与对可能性的着迷促使它不断发光发热。

儿童眼中的创新

创新定义了我的生活，是我从小每天都会经历的事情。我的母亲告诉我，我刚来到这个世界上时，没有哭闹，只是睁着一双大大的眼睛好奇地环顾四周，仿佛在问我在哪里，尽情地享受着那一刻的魔力。很显然，我的母亲将她的情感投射到我身上，用她自己的方式解读着我的诞生。可是，从那时起，那个画面就一直伴随着我，吸引着我。究其原因，我一直都是带着这种孩童般的好奇目光来探索着整个世界。

我的母亲还常常说起另一个故事。只要一有机会，她就会谈及我们首次在利古里亚的海滨小镇博尔盖托度过的那段夏日时光。当时，我才两岁。她无法让我乖乖地待在沙滩伞下休息，一刻也不行。我总是惹她抓狂，跑到海岸边上，探索那里的每一寸土地，用我稚嫩的声音，手舞足蹈地跟过路人讲话。

我很早就渴望探索与发现未知，这种做法至今也没有停止。它始终陪伴着我，直到生命终结的那一刻，因为探索、发现和食物一直是滋养我身体的不可分割的物质，直至永远。

本书的主题是创新与生活，其中大部分内容会透过我职业生涯的经历来进行讨论，但敏感的读者会发现书中的反思与想法其实早已不单局限于职场层面，其背后的实质早已贯穿我们个人生活的方方面面。要想在商界实现创新，你就必须像创新者那样思考行事。而创新始于我们的个人生活。这两者相辅相成、密切相关。下班后，你也应该保持创新心态。如果你觉得没必要这样，那么，你可能不是一名出色的创新者。

为人类创造价值

在米兰理工大学的五年学习经历让我大受启发，我发现了一门迷人的学科，而在此之前，从未有人跟我提及过它。也许，这就是我在过去二十年里决定谈论这件事的原因之一。特别是在设计圈外，我常常在各种场合聊起它，我想让尽可能多的人接触到设计这个不可思议的新世界。

从来没人告诉过我，哪所学校可以教我们成为一名创新者，创新是设计师的工作，也是设计学校教会你的东西。你学着观察他人，理解他人的需求与愿望，然后设计出有意义的解决方案，来满足他们的需求与愿望。这些解决方案可以是产品、品牌、体验或其他形式。此外，你还需要明确一点，这些解决方案不仅要在技术上可行，还要具备一定的商业价值。换句话说，你学习如何让某些东西变得令人满意、技术可行且经济实用。这三个维度是一切创新工作的关键支柱。它们勾勒出了任何成功创新需要具备的三大基本要素，可以概括为三个关键词：人类、技术和商业。设计师就是通过不断平衡这三个维度来实现创新的。

除此之外，设计师还需要做其他事情，正因如此，他们的工作才会在当今世界上变得比以往任何时候都要重要。他们试图为人类、社会乃至整个世界创造价值。设计师真挚地希望，他们设计的解决方案可以给人们的生活带来有利影响。于是，设计师在这种想法的驱动下不断开拓创新。人类价值高于商业价值，这是设计师所追求的价值理念。在设计师心里，人类价值至高无上，商业价值次之，技术价值再次之。

如果商界领袖被分配去管理平庸产品，即便产品平平无奇，他们只要找到方法来发展公司，并带来经济效益，依然可以成为该领域的新星，走出一条成功的职业道路。然而，那些打造出平庸产品的设计师只能算是专业人士。即便后续销售带来多大的成功，这也改变不了他们平庸无为的事实，就像他们设计的产品一样。

那么，我想问大家一个问题：我们的社会需要谁？是热爱卓越产品的设计思想家——他们设计出解决方案，为人类提供价值；还是商业奇才——他们任劳任怨，无怨无悔，为公司带来巨大财富？答案显而易见。在我的职业生涯中，我见到过很多商业领袖，他们非常在意产品的质量。我也遇到过很多设计师，比起项目的独特之处，他们更重视其带来的经济回报。可是，从文化层面来讲，设计界的典型思维，即设计驱动思维，是学校广为教授的一种方法，它完全专注于为社会创造有益价值。而这通常也是设计师所关心的事情，也是设计院校教育你们并期望你们关心的事情。

"设计驱动"，换句话说，即以人为本。这是一种以人为本的思维方式。我们的世界需要更多像设计师一样思考和行事的人。无论他们在严格意义上是否为设计师，我们都称之为"设计思想家"。没错，即便你是市场营销人员、科学家、音乐家或政治家，你都可以，也应该成为一名设计思想家！

因此，请明确一点：本书并不是设计类图书，也不是关于设计师的书。这是一本关于创新与创新者的书。设计早已成为我生活的一部分，在我人生旅程中扮演着重要角色。设计将我的创新天性与本能转变成一种职业，而如今，这种职业已真实存在，且得到了广泛认可。最重要的是，设计给这种本能做了定义，同时赋予了它目标，这个目标远比个人本身还要伟大和重要。

我相信，还有很多人采用其他不同的途径进行这种创新，并实现了自己的愿景。可是，本书涉及我个人的很多真实经历，这都给其增添了别样色彩，丰富了表达形式。也就是说，设计是我不可或缺的元素。本书里会反复提及这一点，我会在字里行间中隐晦提及，也会在文本中明确讨论它。总之，设计无处不在。

最近，很多组织认为设计驱动与以人为本的商业方法略显多余。究其原因，这种方法并不是赢得市场的必胜法宝。如今，在新型现代社会中，这种思维方式代表了一种主要的竞争优势：这对于任何企业来说都至关重要、必不可少。全球化不可逆转，新技术不断涌现，数字化平台发展迅速，整个世界处在不停变化之中。在这种全新的竞争格局下，平庸的产品、品牌终将被淘汰。因此，我们越来越需要更加人性化的商业愿景：要么为用户创造出非凡的产品与品牌，要么等着别人来创造，然后取代你。

要想创造出非凡的产品与品牌，你就需要拥有一名出色的领导者。领导者坚持以为他人创造价值为核心，不断解读与理解用户的梦想与需求。然后，他们会将理解转为想法，设计出非凡的解决方案，再说服公司和投资人倾注一切，并激励其他人朝着领导者的梦想前进，为企业和社会创造有利价值。再强调一次，这些领导人都懂得关爱他人。你需要做的是，找到他们，激励他们，指导他们，留住他们。有时候，你还需要"创造"他们，发掘他们的潜力，帮助他们释放无穷才能。这些人可能是你们中的任何一个人，也可能是我们中的任何一个人。我将在本书中详细讨论他们。

第1章　构建以人为本的创新

对不断探索的热情和对未知的向往一直是我生活中的重要驱动力。它们早已深深烙印在我的基因里，每当我来到不同的环境，收获别样的经历，它们就会被激发出来。近年来，世界正在以前所未有的速度高速发展，这种对周围世界的诠释方式已变得日益重要、弥足珍贵以及不可或缺。适应能力是人类独有的能力，所以今天看来相当伟大的新奇事物，也许明天就会变成社会常态，这种现象每天都在发生。如今，我们认为理所当然的东西，都曾是过去朝思暮想的愿望。我们或多或少都见证了这一点：我们都切身感受到了当前购物、交流、饮食、出行和工作方式的蜕变。

世界的蜕变

我们的孩子，也就是所谓的"数字原住民"，从孩童时期便学会了使用平板电脑，这对他们来说就像采花、喝奶一样平常自然。在新冠疫情肆虐时期，全球各地每天都有数以百万计的人远程办公、线上购物。在此之前，他们或许都不知道如何参加数字会议或进行网络购物。在进入网络社交媒体时代之前，很多行业与我们今天所熟悉的样子截然不同。那时，全球城市交通无须与优步（Uber，全球即时用车软件）竞争；酒店行业也无须直面爱彼迎（Airbnb，全球民宿短租公寓预订平台）。而如今，我们生活在一个由各种服务、体验和产品组成的世界，从音乐流媒体到数字摄影，从电动汽车到智能手机，从社交媒体到电子支付，从电子游戏到交通应用，社会发展速度简直令人不可思议。此外，我们还冲破现实禁锢，开始探索元宇宙，数字与模拟相互转换，虚拟与现实相互交织，线上与线下齐头前进。我们也沉浸其中。

如今，新想法和新产品不断涌入市场，并且对人类生活产生影响。一切都在瞬息万变、不可捉摸。但是，唯一不变的恰恰就是变化本身。转型不再只是某个时期的暂时现象，它已经成为当今社会的常态。过去，年轻人都希望可以在一家名声显赫的公司谋一份稳定的工作。而如今，年轻人则希望自主创业，带领公司打响名气。再或者，他们至少希望成立一家名声还算不错的公司，然后等待被其他公司（最好是跨国公司）收购。我们生活在一个创业时代：大型公司和国际品牌之间的竞争变得不可预测、捉摸不定。

创新的民主化

当前时代处在快速变革之中，我们的孩子将在教科书中学习到它，认识到其独特元素——全球化、数字化、人工智能、先进技术和各种自然现象，并见证这些元素如何为我们所习惯的全球社会发展增砖添瓦并带来变革。

这种变革不仅影响了我们的处事行为，还改变了企业发展的方式。如果说，世界已在过去经历了其他革命（如认知革命、农业革命、工业革命等），度过了其他危机（如世界战争、历史性大流行病等），那么，当前的区别就在于，如今社会变革的速度更加迅猛，范围遍布全球。

我们每天都在经历着变化，也早就习以为常。毕竟，变化早已渗透到我们生活的各个角落。有些变化依稀可辨，而有些变化则相对细微，不易察觉。我们每天都会在不同的情境中感知这些变化，有时也会在探索自己人生的道路上发现它们。相比过去，越来越多的新产品或品牌开始悄然涌入市场，走进我们的生活。它们既美观大方，又智能实用，还富有诗意与趣味。

多年来，我和大家一样，见证了成千上万种产品，其中许多小而优的创新产品已成为我的生活日常，给我的生活增添了些许价值。有时是额外的舒适感，有时是一种新形式的风格或享受。创新的产品或服务不同，带来的价值和体验也不尽相同。

例如，几年前，我在曼哈顿苏豪区的街道上散步，那里距离百事公司设计中心不远。不知不觉间，我发现自己来到了纽约现代艺术博物馆（MoMA）设计商店前。我注意到它后，就像往常一样直接走了进去。我很中意这个地方，它的整体风格独具惊喜和趣味，兼具格调与深度。很多人对艺术、设计和人类智力深感兴趣，他们可以敏锐地发现新奇的作品，而这里的每一件物品都是由这些人发现，然后精挑细选出来的。在某种程度上，这似乎与我自己的思维方式和感受比较吻合。至少这些精致的藏品能够让我想到这些，这也反映了纽约现代艺术博物馆非常权威可靠，值得全球整个创意界的钦佩与尊重。

那天下午，进门对面墙上摆放的一件物品完全吸引了我的注意。它跟其他物品堆放在一起，形成了一种有趣的视觉冲击，所有光临的人都会注意到它。于是，我踱步向前走去。乍一看，我觉得它分明就是一本书，只不过采用了类似胡桃木做的封面，有些奇怪罢了。这本书是故意摆放在架子上的，这样，任何人都能够触摸与翻阅它。我拿起其中一本书，翻了翻。这时，神奇的事情发生了。我刚打开书，一道温暖的光线照在了我的脸上。这不是一本书，而是一盏灯！它叫作卢米奥（Lumio）。刚翻开书页时，光线依稀微弱，勉强可见。随着翻开的页数越多，光线越来越亮。灯中含有磁铁，可以把封面与封底磁合在一起。因此，你可以直接一展到底，形成360度的环绕辐射光。卢米奥书页灯是无线的，但可以用一条橙色的USB接口线充电。该接口线形似小绳，人们常常将其误认为书签。我本来只是偶然路过，但被它的神奇功能与美丽外观所吸引。作为一名设计师，我深深折服于它的精巧设计。

旧金山创意师马克斯·古纳万（Max Gunawan）设计了这款产品。调节灯的光线强度与方向需要机械操作。马克斯则将其转变为另一种人性化的设计，即打开一本书，既成功实现了调节功能，又确保了产品的美观自然，还给人带来了温暖。我立即买了两盏一模一样的灯，就像"副本"一样！单单是文字游戏就足以让我着迷。我把一盏放在了曼哈顿公寓的床头柜上，另一盏放在了汉普顿公寓客厅的小型书桌上。那张书桌上放了几十本书。我直接将它隐藏在书海中，准备让客人大吃一惊。毕竟，只有它能够做到这一点了。在接下来的几年里，我还给朋友和家人买了几盏。用它当作生日礼物，别提多么完美了。只要有人来访，我都会谈及它，大家一阵惊讶过后，继续侃侃而谈。我已跟无数人赞扬过这款产品的独特之处，之后，我也会继续如此。如果以后我不再当一名设计师，我也定能成为一名为马克斯设计的产品代言的优秀销售代表。

马克斯设计的书页灯简洁美观、界面友好，是完美的产品。它时尚独特、经济实用，渐渐走进家家户户，为我们的日常生活增添了一丝诗意与温暖。当然，它看起来微不足道。毕竟，它不像智能手机、收音机、电视等产品那样，刚面世就改变了我们的生活。然而，像卢米奥书页灯这样的产品有成千上万种，类别极多，应用甚广。我们如果开始考虑诸如此类的产品，就会明白，这些实用型的产品竟然发挥着强大的、难以置信的集体力量。它们在满足我们对功能质量需求的同时，不断丰富着我们的情感体验，为我们的生活增添了很多美感。我想到近年来有数十种这样的产品早已渗透到我日常生活的每个角落，变得不可或缺。

同样，出于机缘巧合，我在截然不同的情况下发现了一款名为"奥克卢斯"（Oculus）的虚拟现实（VR）头盔产品，它比卢米奥要更加知名一些。几年前，出于工作原因，我首次接触到了这款未来化产品。当时，我还买了一些模型（奥克卢斯峡谷系列）带回了纽约百事公司设计中心。我们用这些模型来设计产品，同终端用户一起测试理念，跟客户、商业伙伴甚至媒体分享项目进程。当时，我就已经被这款产品的潜力深深吸引了。多年来，我们始终如一，也取得了令人满意的结果。可是，我最近才了解到它还有更接地气的用途。

在撰写本书之前，我就跟一个好朋友分享了奥克卢斯探索系列的产品。史蒂芬·施德明（Stefan Sagmeister），是一名设计师、艺术家和思想家，我想我不用过多介绍他了。他在某个星期五的下午来到我在汉普顿的家，陪我一起度过了一个寒冷的周末。星期六早上，当大多数客人还在房间里舒适地睡觉，我望向室外花园，只见史蒂芬戴着 VR 眼镜，手拿两个控制器，在炎炎夏日里大汗淋漓，像个疯子一样跑来跑去，不停地挥舞手臂、摆动双腿、扭动全身，仿佛在击退一些看不见的苍蝇。

几分钟后，我意识到史蒂芬并没有在发疯——谢天谢地！他只是在使用一款名为"超自然"的健身应用，在虚拟现实中锻炼身体。这款应用将他投射到各种不可思议的世界里，从冰岛蓝湖的迷人景象，到秘鲁马丘比丘的壮丽山峰；从印度尼西亚四王岛的广阔海域，到中国元阳的层叠梯田等。在这些神奇的场景里，史蒂芬必须使用两把激光剑，击退那些冲他而来的能量球，在光芒四射的区域中灵活躲闪。此外，他的侧方还会时不时出现不同的传送门，他必须以光速移动进去。这不禁让人联想起《星球大战》（Star Wars）的场面。整套动作下来，每15分钟就能燃烧350卡路里。这不仅能让我们保持健康，还能愉悦身心，别提多完美了。这就是未来的健身房？或许会，或许不会，不得而知。可是，它看起来确实有趣。

于是，我跟建筑师米歇尔·罗金德（Michel Rojkind）立马尝试起来。米歇尔为人热情，也跟我们一起度过了那个美好的周末。没几分钟，我们就争先恐后地在网上下了单。在接下来的几个月里，我还发现了一系列的其他应用，从拳击到乒乓球等，应有尽有。这些应用都可以搭配奥克卢斯探索系列产品，用于日常的体育锻炼，取代了传统的锻炼方式。毕竟，传统锻炼方式或多或少总会让我厌倦。这样一来，奥克卢斯系列产品就变得更加实用，不但功能全面，还愉悦身心，给我的生活带来了积极影响。

当然，我还可以继续列举其他例子，但我想，卢米奥和奥克卢斯这两款产品应该足以让你了解我所说的内容。现在，我们停下来思考一下它们的真正内涵。书页灯和VR头盔的构思、设计与生产中都融合了功能需求与时尚风格。它们不仅有效实用，还能愉悦身心，给我们的生活增添了价值，是非常成功的创新产品。除此之外，这两款产品还有什么共同之处呢？在上述故事中，这两款产品的名字不同，而且这两个名字放在一起，让人听起来有些寓言的韵味，就如同现代白雪公主故事中小矮人的绰号一般。至于共同点，它们都可以让我想起个人经历与神话故事。此外，它们来源相同。最初，它们只是有远见的创新者在无限想象之中萌生的想法，而后逐渐成形，默默等待着创新者的发现。之后，它们便找到了一条成长的道路，不断壮大自己，迈进崭新的世界。

如果没有互联网，这些产品都将不复存在。要是没人提出"众筹"的理念，它们同样也荡然无存。这些产品都是通过众筹平台（Kickstarter）的投资项目而诞生的。这是一个为创意项目募资的数字平台，于 2009 年 7 月正式运行。多年来，该平台已筹集了数十亿美元，资助了成千上万个项目。卢米奥自推出以来在短短 31 天内就筹集了 58 万美元。相较之下，奥克卢斯筹集了更多资金，是该平台最成功的一个项目。2010 年，年仅 17 岁的帕尔默·费里曼·拉奇（Palmer Freeman Luckey）就在其父母的车库里设计出了奥克卢斯的原型。两年后，即 2012 年，该项目正式在平台上线，并取得了巨大的成功。它在短时间内就赢得了一万多名投资者的青睐，筹集到了 250 万美元。2014 年 3 月，奥克卢斯还处在开发阶段，脸书[1]

---

[1] 已更名为元宇宙（Meta）。——编者注

（Facebook）公司就用价值 20 亿美元的现金和股票收购了它。就这样，帕尔默挤进了《福布斯》（*Forbes*）全球 40 岁以下最富有企业家的榜单，跃升至第 22 名。而奥克卢斯也成为虚拟现实领域的标杆。

众筹平台与众筹理念在当今社会与经济环境中具有重要意义。显而易见，这证明了一个事实：人们一旦有了好的创意，就能轻松筹集到资金，这远比过去任何时候都容易得多。然后，他们可以利用这笔资金，将创意付诸实践，推出上市，直接或间接地与现有产品与服务竞争。而这些现有产品与服务往往都由综合品牌或公司创造，早已经历了多年的磨炼。要是没有众筹平台，我心爱的卢米奥和奥克卢斯将永远不会存在。该平台自运行以来，推出了成千上万种产品、服务或软件。它们为大众的生活创造了很多价值，因此受到了人们的热烈追捧。如果没有众筹平台，这些服务或产品也将不复存在。当然，未曾在该平台推出的产品除外。它们与众筹平台上发布的产品互相竞争。在激烈竞争下，这些产品不可避免地会被优化、迭代。最终，最佳的解决方案会生存下来，在市场上占据主导地位。然后，它还会成倍地创造出其他方案，继续竞争或促进发展，形成一种广阔的生态系统。其中，全新的"最佳解决方案"将不断涌现，再随着时间推移独占鳌头。

众筹平台只是一个例子，证明了时代的转变愈加广泛。如今，全球市场不断扩大，各种全新的制造技术层见叠出，数字平台平稳发展，这都给予了广大梦想家与企业家机会，去创一切都瞬息万变，速度之快，超出想象。但是，唯一不变的恰恰就是变化本身。

造他们自己的事业，有时还会取得非凡成就。这种转变吸引了大量投资者的目光。他们准备了大量资金，不断寻找着那些可供投资的创意、产品和企业。年复一年，人们投在创新领域的资金成倍增加。

改变世界的四大关键动力

当前，我们所生活的时代具有一个非常明显的特征，即人们面临着更多的机会与选择，这是前所未有的。今天，你如果构思出了好的想法，可以轻松将其推入市场，进行实践。这可比几年前容易多了。这一改变主要源于以下四个关键驱动力。具体概括如下：

资金更易获得。由于众筹的出现、投资基金的激增、创业文化的兴盛以及世界的数字化与全球化发展，金融资源比以往任何时候更易获得。

制造平台效率与潜力不断提高。制造业的效率不断提高，达到了前所未有的高度。如今，新技术不断涌现，全球竞争日益激烈。在这种推动下，成本逐渐降低，生产力稳步提升，质量水平也在成倍提高。

电商逐渐成为新的销售平台。如今，我们可以直接利用电商平台向终端用户销售大多数商品，从而略过传统的分销渠道。

数字媒体成为交流平台。如今，利用全新的数字媒体，逐步淘汰电视、收音机、报纸等传统媒体，可能会促成一种全新的交流生态系统。这种系统使得交流更加高效，也更具影响力。

直至几年前，世界上很多老牌公司还在基于他们的生产规模、分销渠道，结合上述四个领域，搭建自己的进入壁垒。如今，全球化、数字化、技术化来势汹汹，这些壁垒遭遇前所未有的侵蚀，开始分崩离析。通常而言，具有创新点子的企业家很可能相对容易地找到投资商，实现产品创造，而且成本也比过去更具竞争力。然后，他们利用数字渠道来销售这些产品，进行沟通，可以直接接触全球数百万人。

在这种情况下，但凡你想象到的、用来保护自己免受竞争的强大壁垒都不是单单靠资本或规模就能搞定的。对你来说，最大的障碍仅有一个：**产品与终端用户之间的相关性**。也就是说，你有能力设计出解决方案、品牌、空间、服务和体验，以一种非同寻常的方式满足人们乃至整个社会的需求与愿望。这也是有史以来第一次，创造人类价值与商业价值的追求趋向高度一致。无论对于产品还是行业，情况都是如此。

放眼全局，我们开始抓住这一历史时期的特征，领会这一巨变的划时代意义。这在全球商业界都是前所未有的，对整个人类来说更是前无古人、后无来者。

渐进式创新尚不足够

近年来，社会不断变化，给我们创造了全新动力，带来了崭新期望。特别是消费领域正在经历总体战略危机的大型公司，他们试图了解如何形成创新文化，毕竟，对于大多数公司而言，已经有数十年来都不曾试过创新了。而如今，它们开始尝试理解创新文化，然后加快步伐，付诸实践，追求有价值的创新。过去，这些企业所谓的创新，只不过是产品的渐进式演变，比如：固定内核的简单微调、功能的逐步迭代、模块的细小重构。

纵观历史，在汽车、电子消费等行业，技术的线性进步已经决定了大多数创新的方向——重量更轻、寿命更长、舒适度更高、维度更广、自主性更强。一般来说，创新会按照既定的发展方向，如数出现。可是，凡事都有例外。异常的神秘力量涌入市场，会改变所有的游戏规则，带来意想不到的创新：从摩托罗拉发明的手机到史蒂夫·乔布斯（Steve Jobs）在苹果公司做出的颠覆型创新，再到伊隆·马斯克（Elon Musk）的特斯拉电动汽车等。我们在日常生活中会接触到各式各样的产品，它们大多数仍在不断地迭代更新。有时，大型企业会迎来突破性创新，这往往是通过企业收购、投资外部企业、建立合资企业或者购买专利来实现的。

这种渐进式的创新方式很容易解释：激进变革存在风险，尤其对于跨国公司来说，激进变革相当危险。可是，公司在竞争压力可控的情况下，维持现状不求变革反而行之有效、有利可图。公司规模越大，不做变革带来的效益越高。

尽管，这其中不乏特例，但是很多现代行业，尤其是消费行业，几十年来都遵循这个惯例。如今早已今非昔比，大型跨国公司不得不跟众多同行新秀竞争，这是史无前例的。这些新秀利用新环境提供的机会，想方设法设计出与众不同的创新产品，并投入市场推广。

这些企业的商业模式清晰明确，易于理解，却相当复杂，难以效仿，因为他们坚持以人为本。全球各地的个人企业家（通常是在父母车库里奋斗的年轻人或在单人公寓生活的刚毕业的学生）仔细剖析每一款产品与行业，试图发现人们的挫败、愿望、梦想与需求，而这些都是市场中现有产品未能解决的。他们一旦发现了这些未被解决的需求，就可以基于此设计出全新的产品、服务与品牌，来解决当前存在的问题。

然而，现在与过去最大的区别在于，这些创意在当今社会实际上更容易付诸实践并得以实现。随着全球化、数字化与技术化的发展，传统公司的历史进入壁垒早已消失殆尽。市场新秀更加灵活地越过了这些障碍，直接为终端用户设计出更有意义的产品，在兼顾功能与美感的同时，满足了他们的理性与情感需求。这些新秀公司组织架构不同、固定成本偏低、文化多元灵活、财务目标相异，承受的法律压力也截然不同。这意味着，它们相比大型企业，不会受到过多的严格限制，也不用自找苦吃。如果你在 B2C（企业对消费者）行业工作，却还没有受到这场革命的影响，我只能说，时机未到。你无法避免这种风险，如果你愿意的话，同样无法避开这种机会，一切皆取决于你自己。

在这种情况下，我们再次别无选择，只能毫不妥协地为终端用户设计非凡的解决方案。如果你无法为用户创造出一些特别的东西，或者无法为他们提供真实的、独特的且关联性强的解决方案来满足他们的需求，早晚有一天，其他人会成功取代你的位置。那时，你如果足够幸运的话，会发现自己陷入了困境，需要在后面不停追赶他们。可是，你如果运气差一点，就会直接丧失市场，就像柯达（Kodak）、百视达（Blockbuster）、玩具反斗城（Toys "R" Us）和西尔斯（Sears）一样。近年来，这样的例子数不胜数。

相比以往，当今的公司更需要把生产重心放在产品价值上，创造一个对人们有价值的产品生态系统，让人们无论何时接触产品时都能收获满满。我们正在进入人类历史的一个崭新阶段，在这个阶段里，我们别无选择，只能从各个角度思考，做到全方位卓越，从产品到品牌，从服务到体验，从讲述故事到支持，放大，推动产品的完整网络（物流、生产、商业模型等）。那些无法以人为本的解决方案终将被淘汰。换句话说，无论用户的需求与愿望明确与否，只要解决方案无法满足这些，它们就失去了存在的意义。

卓越时代

当前，以人为本的理念重回大众视野，变得日益必要。在这种背景下，一场全新的现代复兴悄然来袭。技术让产品诞生，品牌与分销渠道让产品为更多人所知，但坚持以人为本的产品卓越性才是决定产品成功与否的根本因素。如今，如果一款产品单单依靠无懈可击的技术专利、遥不可及的大规模分销网络与无人能及的数十亿美元推广预算，它也不可能在市场上独占鳌头。

然而，矛盾的是，在科技鼎盛的时代，我们正经历着对人类个性的极限表达。在电子商务、社交媒体、3D 打印等领域，初创企业蓬勃发展的时代，我们正经历着创新民主化，最终将使个人受益。在超技术、超链接、数字化时代，人们渐渐不甘平庸。那些知道如何适应这种模式的公司将存活下来、繁荣发展并大获成功，而那些不为所动的公司注定会走向没落。这种模式给我们带来了很多积极影响，其中，最重要的是，它对未来社会影响深远。最佳产品、品牌、服务与体验将占据主导地位，赢得大众的热烈追捧。我们正在进入"卓越时代"。

第2章 从愿景到现实的创新探索

企业一直在努力解读不断发展的经济与社会形势。在此过程中，它们逐渐明白，为了最终实现以人为本的理念，它们需要重新思考创新过程。一些企业称之为"以人为本"，还有一些企业称之为"以人为中心"或"以消费者为中心"。它们的目标一致，即为真实的人设计一些东西。这种方法非常恰当有效，可是，措辞准确至关重要。实际上，词语的选择通常也是一个很有趣的风向标，反映出了机构、个人或专业团体背后的文化。

不要称他们为消费者！他们是人！

我不喜欢"消费者"这个在当今商业领域被广泛使用的词。我觉得这个词给人一种疏远感，以至于有些轻视人性。我如此反感这个词，主要有以下两个原因：

第一，把人称为"消费者"存在剥夺人性的风险。毕竟，你只是把他们当作商业对象，向他们出售产品，刺激他们消费，来获取利润。你会把你的孩子、妻子、丈夫或者父母称为消费者吗？我反正不会。所以，这个词难道不难听吗？难道不片面吗？我一说到这个词，然后把女儿联想成小消费者的形象，就足以让我深感不安。这个词会把我们限制在单一维度上，降低人的存在感，仿佛我们的生活中只有消费与购物一样。我不希望别人把我看作消费者。我希望别人把我当作一个活生生的人来看待，一个懂得生活、懂得享受、能吃苦、有梦想、会交流、爱旅行、善创造的人。我们都是人，而不是**只会消费的生物**。

其次，我之所以强烈讨厌这个词，是因为当前社会可用资源日益稀缺，我们要限制资源消耗，合理使用与再利用这些资源。世上所有的创新者、企业家、设计师、研究人员乃至营销人员都在呼吁人们节约资源，可是，把人称为（这些资源的）消费者却传达出了截然相反的信息。相比而言，"用户"是一个更有尊严的术语，因为它关注的是一个人使用产品或服务并从中受益的过程。

那些把人当作"消费者"的创新者会优先考虑利用一切可能的工具，向他们推销东西，进而刺激他们消费。相较之下，把人当作"用户"的创新者则更注重创造积极的功能价值与情感价值。最后，单纯把人当作"人"的创新者会把人的幸福放在首位，所有一切都将围绕这一目标而设计。

"以消费者为中心"旨在为了出售产品而了解人们。"以人为本"旨在为了给人们的生活创造实际价值而了解人们。第一种想法认为，优秀的产品只是促进业务增长的一种手段。而第二种想法认为，优秀的产品对提高人们的生活质量起着极大的推动作用。

我想要为人而设计。人们会购买、消费与使用这些设计，但是，这些行为只是探讨人类整体体验的一些维度与效果，不足以作为关键词来简化或定义这些人。更重要的是，我希望设计一些解决方案，能给人们带来愉悦、增加安全感、简化生活，并与他们产生联系，帮助他们放松身心，感受快乐。

当然，其他词语也有同样类似的作用。比如，美国零售商塔吉特（Target）称其客户为"客人"。我一直对其中缘由深感兴趣。对许多人来说，这些客户只是消费者，但对于这家总部位于美国明尼阿波利斯市的连锁超市来说，他们是神圣的客人，应该对其到来表示热烈欢迎、细心款待、时刻关注，对其体验感同身受并给予尊敬。在本书里，我尽量避开使用"消费者"这一词。我偶尔会在严格意义上的商业语境中使用它。在我的一生中，我一直试图限制自己使用这个词。只有当我需要特定观众非常直观地理解我的信息，且绝不会产生误解或带来风险时，我才不得不使用它。很抱歉，在这些场合下，我不得不这么做，当然，我以后还会如此。除此之外，无论现在还是未来，我们为之设计与创新的对象，永远都只会是人。

用户合意性、技术可能性与商业可行性的十字路口

在这种新型的商业格局中，一切都向着为人类创造价值为中心演变。过去几年来，社会为特定专业团体的发展提供了肥沃的土壤，其成员都把人置于所有活动的中心。注意，不是消费者——而是人！这个群体长期处在商界边缘，生活在倍受保护却又与世隔绝的伊甸园里。最近，他们才开始走出自己的领地，试探地冒险进入这个全新的"天体轨道"，去探索未知的神奇宇宙。群体中的成员均为创新者，他们崇尚人道主义，涉猎广泛。可是，他们又常常让人误解与混淆。这个群体就是设计界，它借鉴了"设计思维"。

有些人想知道设计与创新之间的关系。任何提出这个问题的人，其实压根就不知道设计到底是什么。然而，人们总是频繁问这个问题。

通常来说，"设计"常跟另外两个概念关联在一起：美丽、奢华。名牌名牌服装、名牌汽车等都蕴含着极高的审美，因此，这些东西往往价格高昂。特别是，这类产品的外观审美遵循绝对原则，优于其他一切，美感是重点，没得商量，以至于人们有时甚至不指望这些名牌产品有什么实际用途。换句话说，产品功能变成了可选项，即"有就好，没有也罢"。

但事实上，设计师远不只是简单的造型师——当然，我是相当尊敬与钦佩造型师的。设计师接受过专门的艺术与创新

教育，是不折不扣的专业人士。

设计总是始于直觉。人们不断观察现实，分析与思考问题，然后试图抓住巧思，并付诸梦想。这些人和这些想法就是火种。一切都从最初的想法延展开来，像酵母一样，达到必要温度，引发化学反应，推动项目开展。可是，他们在观察、分析、梦想些什么呢？他们感知的焦点是什么？研究重点又是什么么？其实，答案很简单，只不过范围较广，难以概括，因为他们的调查对象是整个现实世界。为了解读设计，而不是将其归结于纯粹的偶然，我们可以把主要的研究类型归纳为以下三个不同的维度：

1. 人类领域：包括需求与愿望
2. 科学与技术领域
3. 商业领域

在米兰理工大学学习期间，我跟其他成千上万名学生一样，主要接受了以下三个基本方面的教育：

用户合意性：人类维度。我们学习了文化人类学、人种学、符号学以及一系列与人文科学有关的学科。

技术可能性：科学与技术维度。我们学习了物理学、数学、材料科学与数字技术。每个项目都应该考虑可行性与产品技术。

商业可行性： 商业维度。我们学习了市场营销、品牌推广与经济学。

在设计课程中，这三个维度与一系列技术课程挂钩，奠定了从构思到开发，再到上市的整个设计流程的基础。我们还学习了手绘、数字设计、3D 建模、原型设计、摄影、色彩理论等课程。我们在设计时，必须从这三个方面来定义、平衡与评估解决方案：解决方案必须满足需求（用户合意性）、可以实现（技术可能性），同时还具有商业价值（商业可行性）。你可以直观地发现，通过这种方式进行构思与工作，设计师基本上都能被训练成为创新者：他们能力全面，广泛涉猎多门学科，而且能够处理所有行业中任意产品类别存在的任何问题。

在同理心、战略与原型设计中取得平衡

创新者的直觉可以在这三个领域的任意方面中灵光闪现。例如，一个创新项目的出发点可能是对儿童在校园里与同学如何玩耍的观察，或研究人员在大学实验室里研究的划时代意义的科学发现，再或者是跟客户的一次对话，这个客户恰好打开了前所未有的新商机。

此时，创新者面临的一个最大的挑战就是用灵活有效的方式将这些维度联系在一起，同时保持关注终端用户。由于结构规模、企业文化、财务战略等因素的影响，大型公司更难实

现这种平衡。因此，公司需要专业人士充分理解这三个维度，选择正确的工具，在创新过程中让它们彼此对话。

在此，备受推崇的"设计思维"开始发挥作用。设计是在调查、创造与验证之间交替进行的过程，然后在一系列发散与聚合的阶段中将这些维度结合起来（即著名的"双钻模型"）。该过程主要由三个基本要素组成：**同理心、战略与原型设计**。

同理心

同理心是一种能力，即真实深刻地理解所服务的创新对象。在这一阶段，设计师抛开个人偏见，深入用户的思想与精神，解读其情感信号，从用户个人的主观视角出发，分析动机，客观理性地观察其行为与反应。

当设计师成功深入用户的思维，站在用户角度思考问题时，他们就能够理解用户的需求、愿望与担忧，将所有的特定因素考虑在内，进而设计出理想的解决方案。简而言之，同理心是指设计师在设计与创新的过程中要有能力理解什么才是与用户息息相关的。

战略

一旦掌握了用户的需求，企业就有必要了解，满足该需求的潜在解决方案是否具有商业价值。设计思维的第二要素是战略，恰恰符合上述目标，即了解该创意是否与公司相关

（无论是现有公司还是新公司）。如果这个创意与公司的相关性不强，公司就需要考虑做些什么来实现这一点。在该阶段，公司需要牢记以下四个截然不同却相辅相成的维度：

1. 我们的商业模式能够支撑这个创意吗？

2. 我们具备合适的技术与生产流程来支持这个创意吗？

3. 我们的企业文化适合管理这个创意吗？

4. 无论是现在还是未来，是否有其他外部因素可能对这个创意产生负面影响？

尝试从一开始就深入理解这四个领域，是公司在首次处理真正的创新项目时避免犯下最典型错误的基础。许多缺乏经验的管理人员沉迷于成功的"消费者主张"（即有益于管理人员想要服务的对象）。因此，他们匆忙创新，乘着热情的翅膀尽情飞翔，却从一开始就忽略了其他变量因素。一直到后来，他们在创新的途中才意识到很多问题，例如，公司无法真正投资必需的生产工厂或技术；创建全新的销售渠道过于雄心勃勃，不符合新产品的潜在投资回报率（ROI）；又或者，公司压根没有资金来启动或者管理组合中的新品牌。

在大多数情况下，缺乏经验的领导者从项目一开始就没有提出正确的问题。最终，他们只是管理了产品开发流程，却压根不知道他们实际上正在处理一个范围本该更广的项目。该项目直接影响了企业文化、组织架构、投资组合以及制造战略。

志存高远，大胆逐梦——
常怀鸿鹄之志！
如果连梦想都没有，谈什
么梦想成真！
有梦想，更要有行动！

你必须从一开始就知道需要考虑哪些变量，以便在整个过程中按顺序逐一找到正确的问题与恰当的答案。在这个过程中，问题的质量至关重要：人们常常为一套错误的问题设计正确的答案。而且，人们总是忘记质疑问题的有效性，而在问题的正确性中寻求安慰。评估与了解探索内容的能力，以及提出正确问题的能力是实践创新的根本。

原型设计

在创新过程中，原型设计是支持同理心与战略推进的强烈催化剂，其作用在于让每一个创意、解决方案、商业模型和技术在整个开发过程与项目阶段中变得更易于理解、真实明确、可供分享。

很多人误认为原型只是某一个创意的具体实现结果，而创建原型是为了跟受众群体（无论是同事、客户还是投资者）分享该创意的特征，最终付诸实践，完成创新。例如，你制作了一个新型台灯的原型，展示给客户看，或者在飞行中测试一架飞机的性能，又或是在车展上展示一辆新车。这么理解原型设计固然没什么问题，但这种解释只是冰山一角，仅说明了原型设计所产生价值的一个方面。在投入使用之前，原型是思考的催化剂。

无论是便利贴上的随意涂鸦，还是汽车的第一版功能模型，原型能够完美展现产品、品牌、空间、体验或服务的美学特征与功能特征。创建模型是为了获得反应、产生互动、辅助思考与反思问题。创新者也许会从对话中豁然开朗，也可能在跟团队其他人分享时恍然大悟，又或者只是在头脑中灵光一现，不断推演，然后启迪思维。原型设计可以是一种亲密而私人的体验，也可以是一种公开协作的活动。

原型设计的超能力

原型设计共有 5 种不同的超能力，在每个过程中都会大展身手。在过去 25 年里，我一直怀着战略思维，利用以下超能力来不断推动创意思维的发展。

协调一致的能力

原型设计可以让项目方达成一致，不受时间与空间的限制，围绕创意个案进行交流。这些人可能与你共处一室，也可能是身处世界各地或来自不同机构的人，或许他们在当天或者几周乃至几个月后才能看到这个创意。

例如，我在会议上提到"刀"，所有与会者脑海中会浮现出不同的刀。但如果我画出一把刀，那么我们就会围绕这把刀的具体解释达成一致。同样，这种方法也适用于你在组织中分享或推进的任何创意。

内部共创的能力

原型设计可以让不同背景的人，在推进创意成形的过程中同步协作。每个专家都是基于同一个原型工作。只要有一个专家对原型的初始概念做了修改，就会影响到其他专家的工作。所有专家基于同一原型工作，他们可以实时地、灵活地应对不断变化的理念与整体战略，进而管理与调整工作。

回到前面"刀"的例子，与会的营销人员可能认为我刚刚在刀上画的品牌不够显眼，工程师则可能认为，刀柄握起来不够舒服。还有些人可能觉得我设计的这把刀简直糟糕透顶。这恰恰就是设计思维所发挥的作用：通过绘制原型，我可以让不同专业背景的人展开交流。原型激发了一种灵活的共创模式。每个人都参与其中，各司其职，共同协作，提高效率，最终实现完美设计。

外部共创的能力

此外，我们还可以利用原型设计与潜在客户展开对话，邀请他们一起参与产品设计。

快跟你的客户和用户分享这把"刀"吧！

让产品闪闪发光的能力

原型设计是为了刺激目标受众，包括赞助商和投资商。人们喜欢那些真实明确的创意，因为他们觉得这些想法更容易实现。

让那把"刀"更具意义，更能吸引人心吧。这样一来，人们才会畅想未来，支持你推进项目。

自信的能力

通过多次迭代验证，设计理念不断微调，日趋成熟。原型可以帮助你发现一些只凭自己无法发现的东西。其结果就是，公司内部普遍对该创意的价值持信任态度。

分享这把"刀"，不断改进它，然后让整个公司都对它产生信任。

尽快创建原型。即使你还没有找到解决所有问题的答案，但正是因为如此，你才更需要这么做！原型结合了同理心与战略。你可以利用原型，从创新的三个维度出发，或者，换句话说，考虑产品的用户合意性、技术可能性与商业可行性，更加高效、灵活与准确地验证项目假设。这种方式不但适用于工作，也适用于日常生活。

有意义的设计原则

一旦了解了目标受众的需求与愿望，确立了相关的商业战略，我们就可以创建原型，设计理想的解决方案来满足他们的需求与愿望。创新者的才能、经验、敏感度、远见卓识是影响产品、服务与体验设计的基本因素。可是，几年前，我意识到，尤其是在环境复杂的跨国公司里，单纯凭借创新者的信心是远远不够的。还需要一系列能帮助我和我的团队开展工作的指导方针，以及一系列能够指导和激励我们的通用原则，来为我们指明道路，不断帮助我们过滤琐事，解释与验证每个创意的价值。此外，它还能凝心聚力，让我们可以围绕着同一愿景进行协作。

正是这样，我参考了数以万计的上市项目，总结成功的经验，起草了一份原则清单。我把这份清单分享给了我的团队，也给自己准备了一份，放在口袋里随时查看。这份清单就像宝贵的指南针，指导我的创新工作，为我指明方向。

我把这些称为有意义的设计原则。每当我们构思创意、设计新产品时，都需要牢记这些原则，不断满足人们的需求与愿望，提供有意义的解决方案。

清单上的前两个是基本原则，是每个创新项目的基础，需要跟其他原则结合考虑。中间七个是赋能原则，我们如果想要设计出与基本原则目标一致的解决方案，就必须遵从这七个原则。最后三个是澄清原则，旨在澄清一些与设计和创新有关的重要问题，这些问题经常被误解或低估。如果这三条澄清原则应用得当，会成倍地提高解决方案的影响力。

基本原则

以人为本：真实有用、情感流露、蕴含符号价值

有意义的设计的第一个原则，是"以人为本"，它涵盖了效用、情感与符号价值三个方面。该原则相对全面，涵盖了一切人与事。它主张任何设计方案，无论产品、品牌、空间、服务还是体验，必须在满足人类需求与愿望上达成完美平衡，具

备设计的必要性和价值。

每个项目都应该解决特定的需求，与用户产生情感联系，且具备一定的符号价值。也就是说，产品应设法讲述故事，从用户角度出发，渐渐传播到世界范围。

我们可以通过品牌和产品向世界传递各式各样的故事，或彰显经济与物质条件，告诉他人"我很富有"；或体现心理、智力或精神状态，告诉他人"我独具匠心"；再或者，把我们与某专业、社会群体等联系起来，告诉他人"我是一名艺术家""我是环境保护主义者"等。

用户可能知道，他们正在使用的解决方案具有一定的符号价值，又或者他们还没意识到这种价值。例如，我可能穿着一件自己特别喜欢的夹克，而且倍感自豪，但在不经意间，我已经向世界宣告了自己的时尚品位有多么差劲。我可能开着一辆色彩鲜艳且设计独特的汽车，彰显自己的经济地位与时尚风格。可是，这可能显得我不够优雅、成熟。无论你是否有意识，也不管你喜欢与否，解决方案都向外界传达了故事。如今，我们的衣食住行早已离不开各种产品与品牌。我们也正是通过它们全天候地向世界传达着自己的故事。自始至终，皆是如此。

我称第一个基本原则为"以人为本"，因为该原则从效用、情感与符号价值三个方面直接而全面涵盖了人类的所有需求。

创新性：新颖、独特、与众不同、卓越非凡

有意义的设计的第二个基本原则，规定了解决方案的创

新性。

有意义的设计是新颖的：它打破了已知与未知的连续体，至少引入了一种新奇的元素，而这种元素在特定环境中从未使用过。

有意义的设计是独特的：目前，只有这种方法具有这种独特性，其他方法无法与之媲美。这种独特性可能是解决方案新颖性不可或缺的一部分。我进一步强调，是为了让你重视这一点。换句话说，解决方案必须独一无二。有时，我遇到过很多新颖的产品，可它们总是缺乏个性。也就是说，这些产品在某种程度上会让我想起很多已有的不同解决方案。因此，人们并没有将这些产品视作全新产品来欣赏。

有意义的设计是有差异性的：如果前两个因素已经满足，那么，按照定义，设计优良的解决方案还必须与现有的其他方案与众不同，才能与所有竞品区别开来。在这种情况下，创新者必须明确考虑解决方案的差异性，而不能将其隐含在新颖性与独特性之中。毕竟，"差异化竞争"是任何商业战略的关键，也是任何设计过程需要考虑的一个重要维度。另外，为了验证这种差异性可以作为一个简单有效的测试，来评估你的创意的独特性。

有意义的设计是卓越非凡的："非凡"与"普通"的含义截然相反。"非凡"代表惯例中的例外，常规中的特殊。因为非凡，所以新颖。可是，因为解决方案的非凡性将人类视角引入其"新颖性""独特性"与"差异性"的概念中，所以我们应该单独考虑这一特征。解决方案不仅要新颖，还要独一无二，区别于其他竞品，同时不落俗套。也就是说，用户体验下来，必须觉得解决方案卓越非凡、独具特色。差异性属于商业层面，而非凡性则属于人文层面。

赋能原则

美学可持续性

第三个原则是，有意义的设计应该美观和谐、令人愉悦、简洁直观，没有任何冗余。

功能可持续性

第四个原则是，有意义的设计应该实用高效、方便快捷，同时符合人体工程学。

情感可持续性

第五个原则是，有意义的设计应该吸引人心、引人入胜。

智力可持续性

第六个原则是，有意义的设计应该方便可用、简单易懂。

社会可持续性

第七个原则是，有意义的设计应该尊重一切事物，符合道德伦理，讲求诚信，值得信赖。

环境可持续性

第八个原则是，有意义的设计应该有利于环保。

经济可持续性

第九个原则是，有意义的设计应该具有商业价值，并且价格合理。

澄清原则

相对性

第十个原则是，有意义的设计方案完全取决于人们的需求与愿望。不存在绝对意义上的"优秀设计"，"优秀设计"都是相对而言的。

诗意与表达

第十一个原则是，有意义的解决方案中应该蕴含着设计师的观点。无论设计流程多么合理有效，解决方案都不单单是简单的输出。不同的设计师采用相同的设计流程，也会创造出不同的产品。请尊重并接受这一现实，然后找到适合你项目的最佳设计师。

有故事可讲

第十二个原则是，有意义的解决方案必须有故事向外界分享，这也是最后一个原则。换句话说，解决方案必须能够讲述故事，而且这个故事应该完全与设计融为一体，不可分割。

在过去的十五年里，我一直在不停地创新与设计。自从创建了这份原则清单，我就一直把它熟记于心。它就像指南针一样，给我指明了方向。为了设计出以人为本的产品，我们必须追求并坚持这些原则。永远不要将其置之脑后、不管不顾。把这份清单打印下来或者铭记在心里，可以帮助你牢记如何为人类创造价值。究其原因，生活忙忙碌碌，我们在设计项目时，总会在用户合意性、技术可能性与商业可行性之中纠结不已，无法合理权衡，这就会导致我们可能一瞬间就忘记了一些有意义的设计必须考虑的关键原则。

这份清单适用于所有人，并非只是设计师

无论你是来自设计、市场营销、研发、销售、生产制造、供应链、金融、法律、人力资源，还是其他职能部门，上到首席执行官、下到初级员工，无论你来自跨国公司还是初创企业，只要你的工作与创新相关，这份原则清单就适用于你。创新广泛涉猎多门学科，因此，每个人都在这个过程中扮演着重要角色，不断推动公司发展和社会进步。

这份清单完全坚持以人为本，包括构思想法、创建项目、设计产品的创新者，以及这些想法、项目和产品所服务的对象。这些原则都归于人文层面，而非商业层面。究其原因，尽管人们常常把创新误认为是单纯的商业手段，但创新首先是一种人文行为。

这一切的神奇之处在于，如果我们真正遵循这些原则，自始至终把人置于恰当的位置上，那么最终每个人都会有所收获。公司既能够实现经济目标，又能够给用户提供更好的服务。社会也将整体迈入一个不断进步的卓越新时代，给每个人创造价值。

在这种新形势下，那些认为虚假品牌或平庸产品单纯依

靠制造、分销与营销规模就能大获成功的组织和群体注定会徒劳无功。值得庆幸的是，我们现在生活在全球化、技术化蓬勃发展的世界里，那个落后的时代早已过去。现在，卓越产品将独占鳌头，而无法适应新形势的产品终将被市场淘汰，也终将被人们遗忘。

精准提问：解锁创新难题的钥匙

在百事公司工作的这几年里，我在无数项目中都应用了这种设计驱动与以人为本的创新方式。如今，这种思考与创造方式早已融入公司的基因，成为公司不可或缺的一部分。

百事公司的设计驱动型产品创新

2012 年 7 月，我正式加入食品饮料跨国企业——百事公司。当时，公司正在进行一项具有高度战略意义的项目。该项目需要改进一种新型的苏打饮料机，而这种饮料机在餐馆、快餐连锁店、酒店里随处可见。随着各种新技术的不断涌现，人们面临着越来越多的产品与选择。为了与时俱进，这些机器也需要随着周围环境的变化不断更新迭代。

当时，一种名叫"微剂量"的专有技术刚出现不久，就赢得了我们公司和直接竞争对手的青睐。而我们的跨职能协作团队（市场营销与研发）也在研究一种完全投资于"微剂量"的技术。以前，苏打饮料机是通过浓缩糖浆容器来提供材料的，而这些容器主要堆放在商店后方。这种模式通常称为"盒中袋"。它们将每种糖浆与苏打水混合，制成我们熟知的各种饮料。而"微剂量"技术让你可以摆脱掉这些"盒中袋"，改用小型胶囊，其主要优点在于极大地减少了苏打饮料机在餐馆里的占用空间。

我第一次跟百事公司交流时（当时还在面试阶段），就很快意识到公司其实对当时正在推行的理念不够满意。在某种程度上，情况确实如此。因此，我一接受邀约，首席执行官卢英德与全球饮料集团总裁布莱德·杰克曼（Brad Jakeman）就立马要求我介入项目，并给我定下了明确的目标，即纠正项目的发展轨迹。当时，项目进程相当紧迫，以至于我还没进公司之前布莱德就开始让我参与项目。

我对此记忆犹新，仿佛发生在昨天。在距离我入职百事的前几周，我刚从 3M 公司离职。六月的一个炎热清晨，布莱德召集了研发、市场营销、餐饮服务团队的所有关键人物，同我一起飞到芝加哥工作。他计划在那里开会讨论项目，审查第一版设计原型。那真是一个严峻的考验，甚至在正式入职之前，我就直接被迫加入了最为复杂与紧迫的创新项目。我非常喜欢这个项目，这也正是我决定离开 3M 而加入百事的原因。毕竟，3M 也是世界上最具创新精神的公司之一。

在那次会议上，我很快明白了布莱德和卢英德不满的原因。那天我见到的饮料机比竞品还贵，可是它在功能上却毫无优势可言。它既不美观，又难以使用。根据有意义的设计原则，这款产品既不够人性化，又缺乏创新。虽然我还没有正式进入公司，但我必须立马了解如何改进项目，让其朝着领导层希望的方向推进，然后把所有不同的职能部门与外部合作伙伴联系起来。我必须拿我的信誉来担保这个知名度极高的项目。

那天，我满怀热情，倾注我的经验与创造力，引入了所有设计工具与原则。我已经使用这些工具很多年了，包括同理心、战略与原型设计。和之前所有的项目一样，这个项目面临的挑战在于，如何设计出一款用户合意、技术上可能和商业上可行的产品。

在最初几周里，我完全是一个人，没有设计团队，压根无处展现我的独特与多元化的创新思路，而且我管理的并非只有这一个项目，你可以想象一下我当时的处境。百事公司当时的营业额高达 600 多亿美元，我的工作就是为公司组建一个完整的设计部。因此，我决定联系一位我非常尊敬的设计师。我之前在 3M 任职时曾跟他合作过许多项目。

他就是马丁·布朗（Martin Broen）。他跟我年纪相仿，虽然他是阿根廷人，却一直生活在意大利。他常常面带微笑，开朗乐观，坚韧不拔，对创新有种刻在骨子里的热情。那些年，他在米兰经营着一家机构。我给马丁打了电话，跟他介绍了整个项目，还跟他分享了来到百事之后的更远大的梦想。公司要求我转变设计定位，但我真正想做的远不止于此，我真正想要做的是向整个商界展示一种新型的创新方式！智能苏打饮料机项目将只是许多其他创新项目的"领头雁"，也将成为更广泛的文化、战略与组织项目的一部分。我在挂电话前，向他提了一个请求："如果你相信这个愿景，也愿意帮我在百事公司乃至整个世界创造一种全新的、以人为本的、设计驱动的创新方法，不如放下手头的活儿，加入我的团队吧。让我们一起为梦想而努力。"马丁和我一样是梦想家，因此，我不需要同一件事情重复问他两遍。他立马抓住了这次机会，放下一切，离开米兰，来到纽约加入了百事。他在我的团队里担任工业设计与创新副总裁。终于，我在百事公司迎来了第一个设计圈的"同盟挚友"。

入职后的前几周里，我很快注意到了研发团队的一个人：他为人温柔、聪明能干、专注敏锐。他就是史蒂文·林（Steven Lim），但所有人都叫他斯利姆（Slim）。他是一位工程师，公司把他分配到了我正在推进的项目。我很快明白，他会是我的另一位盟友。我很快就了解到他出自汽车行业。在他的整个职业生涯中，他都对设计满腔热血。于是，我开始跟他交流，意识到他跟我不谋而合。他不只是从事设计工作，还是真心欣赏这份职业，喜欢这份工作，也一直在寻找机会。他是我在公司内部团队中找到的另一位合作伙伴。多年后，斯利姆正式从研发调至设计团队。如今，他是我们公司所有设备与结构包装项目的负责人。每当我在考虑买车时，我会想要验证汽车的技术特征。在这方面，斯利姆绝对是一个值得信赖的顾问！

我跟马丁、斯利姆一起，开始研究团队当时已完成的工作：数据、研究、理念和原型。我立刻意识到该项目完全注重两个因素：技术与竞争。事实上，竞争对手利用最近研发的技术设计了一个创新项目，所以这从一开始就生成了一个固定的竞争原则，即团队的目标是设计出一款产品，胜过市场的现有竞品，他们理所应当地认为，我们必须利用近期研发的相同技术来完成创新，而且很多人都觉得这个技术是行业中的关键竞争优势。

我们应该质疑简报

有些人认为掌握了全新技术就是抢占了竞争先机。他们也许是对的，又或者是错的。我决定另辟蹊径，抛开偏见，重新构建思路。总有那么一些事实与信息，我不会直接分析与评估。可是，有些人就会基于它们提出各种理论与假设。我希望可以避开这种风险。最好的办法就是从头开始，至少我是这么想的。因为在那个时候，我们压根还没提出任何实际可行的计划。无论启动什么项目，首先要做的都是试图了解那些目标受众的真实需求与具体愿望。因此，我在正式行动的同时，也开始了解这些事情。我要求团队跟我分享他们对于终端用户和客户的一些见解。令我惊讶的是，我收到的答复是，他们没有太多的可用数据，而且也从来没有做过任何相关的正式研究。整个团队完全专注于利用相似的专有技术，制造一个优于竞品的饮料机。

在那个时间节点上，我们没有时间开始一项新的研究。于是，我跟马丁决定起草一份假设清单，确定目标受众的潜在需求。我们利用简单的直觉，跟终端用户展开大量对话，最终完成了这份清单。我们首先从客户入手，即那些在餐厅、酒店工作的人们应该会购买这款饮料机。我们以有意义设计中的赋能原则为指导，很快意识到，在此之前，我们有意无意地忽略了一系列重要因素。

首先，考虑到客户需求的多样化，我们很清楚，我们压根不可能生产出一款能够满足所有潜在客户需求的饮料机。例如，我们发现，一个基本因素就是饮料机的价格。跟竞品一样，我们正在推进的产品定价高。一些客户愿意为更复杂、更完整的产品功能买单，而其他客户往往只对某些基础功能感兴趣，因此，他们更愿意放弃其他功能，而选择花费更少的价钱购买机器。如果这些客户没办法买到价格更便宜的版本，他们宁愿选择传统产品。

选择产品的另一个重要标准是占用空间。与工业冰箱相比，我们的产品原型和其他竞品的尺寸都比较大，必须接触地面，不能放在柜台上。可是，在很多餐厅，唯一能够放置饮料机的地方就剩柜台上了。

另一个受到青睐的优势就是触摸屏了，人们可以通过操作触摸屏选择自己喜欢的饮料。触摸屏的使用可以美化外观，满足人们的情感诉求，另外作为用户界面，也具有极高的功能价值。触摸屏的作用就是让人们在数十种口味与品牌中进行组合。这是传统苏打饮料机无法实现的一点。我们可以通过改变触摸屏的大小，为人们提供不同的功能，设定不同的产品价位。

"微剂量"技术的一大优势在于淘汰"盒中袋"。我们还发现，很多餐厅经理并不特别看重这一点，因为他们已经给糖浆容器留好了充足的空间，所以没必要去改变它。可是，我们还得知，"微剂量"技术可以将浓缩糖浆、苏打水和其他口味混合，然后添加制成个性化饮料。这意味着新开发出了数百种不同的混合口味的饮料。对于终端用户来说，个性化饮料的确是一大优势。因此，"微剂量"技术似乎必不可少。但后来我们又发现，这种想法不完全正确。

马丁和我开始设计一系列具有不同功能的饮料机，来满足客户和终端用户的不同需求。整个跨职能协作团队还在等着我们做出贡献，改进现有的原型，设计出更优秀的产品。于是，我们决定重新设计简报。

正如大家所见，在各个行业与产品类别中，创新的最大问题在于，设计师、市场营销人员、工程师与科学家常常针对一个完全错误的问题，投入大量的资金、智力与情感资源，进行数月的研究、处理、实验与原型设计，得出近乎完美的答案。另外，要想设计出一款真实具体、切实可行的创新产品，你必须先提出正确的问题，然后将其转为一个合理的简报。在这个项目中，我们首先要做的是重新思考最初的问题：用户真正想要的是什么？那才是我们应该努力做的事情。

问题的质量至关重要：人们常常为一套错误的问题设计正确的答案。而且，人们总是忘记质疑问题的有效性，而在问题的正确性中寻求安慰。

傲慢不只是令人讨厌，还危险至极

然而，从文化角度来看，团队很难立即领悟这种思考。我是最晚加入这个团队的，也是团队中最年轻的。我穿着怪异、口音奇特，最重要的是，我是一名设计师，我既不是商业领袖，也不是工程师或科学家。公司并不总是能够接受这种多样化，尤其是你不仅审美上与众不同，而且行为处事也与常人大相径庭。在刚合作的前几周，我的很多同事可能会想："这位来自意大利的年轻人能对这类项目了解多少？他甚至都没有任何食品饮料领域的经验！"他们只是不知道我对饮食有多么痴迷，这简直就已经烙印在意大利人的基因里！

当然，抛开玩笑不谈，他们的想法也并非全无道理。我了解创新，了解工具、流程与原则，也知道作为一位创新者如何进行思考与反思。但是，我唯独不了解行业、客户与公司。我有数百个项目经验，但没有一个是关于食品饮料领域或百事公司的。因此，我在百事公司做事需要谨慎。显而易见，我还需要考虑一条陡峭的学习曲线，避免做出幼稚的判断。当然，我还需要向当时的众多领导者学习，毕竟，他们早已在这个行业摸爬滚打了数十年。

多年来，我常常看到很多经理做事冲动，为人迂腐，傲慢地认为他们已经掌握了所有的答案。他们甚至还没有了解公司文化、工作流程、问题和优势，就强加了各种自上而下的命令。这些都是需要深入思考的事情，只表面明白是万万行不通的。所有的细微差别和无形的语气变化都会产生不同的影响。我一直想避免这种错误，我必须结合尊重与决心、事实与直觉、整合与改变、谦逊与自信、倾听与行动。因此，我们在制作简报时，需要尽量吸纳关于公司、行业、项目、终端用户、分销渠道、商业模式和关键技术等一切信息。我和马丁在正常行动的同时，开始筹备备选简报。我们必须迅速行动，毕竟，时间紧迫。

可以改变业内局面的决定

2012 年 12 月中旬，我们召开了一次会议。这次会议是一个转折点，标志着项目终于驶向正轨。早在几个月前，卢英德对项目进度深感不满。于是，他做了三个关键决定，试图改变当前形势，实现重大转变。

第一个关键决定是引入文化干扰的因素，这引发了项目的重大变动。该因素涉及两个人：布莱德·杰克曼和我。布莱德一年前从商界转型而来，而我从设计创新界跨界而来。布莱德在明尼苏达州找到了我，想邀请我加入百事公司，并把我介绍给了纽约的卢英德。我们合作得非常默契。此外，布莱德和我都对市场营销与设计有着全新的视角，本打算大改这个项目，做更多的事情。

第二个关键决定是在公司高层建立一个特别工作组，定期直接监督项目，确保一切朝着正确的方向推进，并负责扫清过程中的潜在障碍。卢英德作为首席执行官，加入了该工作组。该组的成员还包括首席技术官梅穆德·汗（Mehmood Khan）、美国饮料公司的首席执行官艾尔·凯瑞（Al Carey）、全球饮料公司的总裁布莱德（Brad）、食品服务渠道的总裁汤姆·贝内（Tom Bené）与首席人力资源官辛西娅·特鲁德尔（Cynthia Trudell）。这确实不仅仅是一个创新项目，更重要的是，它还直接影响了公司的文化、组织架构与工作流程。

大概一年前，我们就做了第三个相当重要的决定。卢英德利用巨额预算，组建了一支特定的跨职能协作团队，可以不受其他业务优先级的影响：没有人可以接触到那笔预算，或重新安排任何部分的优先级。

换句话说，局势的转变主要取决于三个基本要素：全新的技术与文化知识、自上而下的支持，以及人力和预算在内的专用资源。

在那次会议上，卢英德坐在马蹄形桌子的主位上，特别工作组执行团队的所有成员围坐四周。我们针对项目讨论了将近一个小时，不断修改原型，商讨时间表、投资与风险。那次会议与之前的许多其他会议别无两样。但是，在最后十分钟，会上发生了一件事，彻底改变了整个项目的推进方向。在会议结束前，我漫不经心地从背包里抽出了几张打印好的效果图，上面展示着一排又一排的苏打饮料机。我深思熟虑后，怀着天真与尊重之心，凭借一个新人鲁莽大胆的勇气，跟他们分享了我和马丁的想法。

　　我展示了一个饮料机系列组合，从小型饮料机逐渐迭代到全面型饮料机。小型饮料机带着一个类似 iPad 大小的屏幕，可以直接放在现有柜台上使用。全面型饮料机包罗万象，跟其他竞品尺寸相当，但是屏幕更大，超过了 30 英寸。那些功能中等的产品处在整个系列组合的中段。

　　我们凭直觉认为，要想制作出尺寸较小的饮料机，就需要去除制冰机。这完全改变了饮料机的样式，大大降低了产品的笨重程度，可以将其放置在任何台面上。经过与研发团队的密切合作，我们发现要想把苏打水混合成不同口味，"微剂量"技术并非不可或缺。我们可以继续采用现有的"盒中袋"技术，通过改变阀门达到同样的目的。我们可以利用传统技术，让用户自行选择，制作出他们想要的任何混合口味饮料：用户可以从百事可乐、山露、七喜、普通苏打水等饮料中选择，添加数十种不同的口味（柠檬、香草、桃子、樱桃等），任意一种或多种均可，制作出上千种不同口味的混合饮料。竞品只能提供预先设计的饮料，如香草可乐、樱桃可乐等，无法让用户通过操作饮料机界面，将普通苏打水与不同口味的饮料混合，而这正是我们的产品的独特功能。

　　正如前面所提到的，我们跟客户沟通后发现，对于大多数餐厅来说，"盒中袋"模式的饮料机虽然尺寸较大，但并不会造成什么大问题。毕竟，他们早就给设备留足了空间，所以没必要特别腾出地方。因此，我们可以继续利用传统技术，减小产品尺寸，降低生产成本，把投资重点放到功能上，比如高分辨率的大型屏幕、更强大的处理器等。这些都可能极大地提高用户体验。

我在会议上分享的效果图，让大家觉得这些苏打饮料机真实存在，但其实那都是二维模型。我们知道那些产品可以利用现有技术制造出来（技术可能性），能够满足客户的需求（用户合意性），而且是当前商业模式的不二之选（商业可行性）。可是，无数细节仍需商榷与解决。我们匆忙制作了效果图，推动和促进用户与客户、研发团队、技术伙伴、市场营销人员及公司高层之间必要的初步交流。在这个阶段，产品原型必须发挥一些作用，而这些效果图有异曲同工之妙：

- 原型可以让我们展现产品的闪光点，获得特别工作组的支持。
- 团队可以基于原型对既定战略进行调整。
- 原型可以让公司对我们团队创造非凡产品的能力有信心。
- 我们可以利用原型跟跨职能协作团队、用户、客户进行沟通，然后共同创造产品。

原型是可以应对挑战的。工作组赞同了这一想法，让我们继续推进下去。我们发现研发团队中有一些神奇的伙伴，从斯利姆到梅穆德·汗，他们迫不及待地想要和我们一起推进这个项目。

从设计一台饮料机到设计一系列饮料机，我们面临的主要问题是开发和生产成本。因此，要想保证项目可行，一个关键做法就是利用平台方式来确保成本合理：每台饮料机可以共享同一系列组件，来保证生产效率，使整个产品系列的开发在经济上可以实现。

数字界面的设计是另一个非常重要的战略要素。这个界面具有双重作用：一方面，即使距离较远也能吸引人的注意，你可能在电影院、购物中心或餐厅里见到这款产品；另一方面，我们希望在用户自行选择与分配饮料的时候，给他们提供完美的使用体验。因此，大屏幕就是我们的独特竞争优势。才华横溢的理查德·贝茨（Richard Bates）负责这一部分工作，我刚刚聘请他担任品牌设计副总裁。我们创造了生动的动画，可以吸引到几英尺（1英尺约为30.48厘米）甚至更远距离外用户的注意力。此外，在制作混合饮料与分配饮料方面，可直观操作，简单易用。

就产品设计而言，我们决定在不同型号的产品中突出一个元素，创造一种视觉参考与品牌线索，使之尽可能成为产品标志。这个元素就是屏幕，它是用户获得所有体验的门户，也是连接你跟喜爱饮料的界面，还是开启个性化旅程的入口。因此，屏幕是我们设计的首要目标。

这款智能饮料机也将为我们提供用户制作所有不同苏打混合饮料的实时数据。这些宝贵的数据将传达给我们的战略团队，帮助他们定义未来的饮料组合。此外，屏幕让我们以不同的方式跟用户展开交流：功能交流，例如搭配用户的饮料来推荐菜品；情感交流，例如分享社区里其他用户制作的混合饮料；娱乐交流，例如抓拍用户看到明星出现在屏幕上并与其交流时的惊讶反应。这些内容均可在网络上分享，然后引起病毒式的传播。

在短短几个月里，经过公司各职能部门的不断努力，餐饮服务团队成功上市了三种型号的饮料机。然后，我们又在此基础上开发了其他产品。最大的成功在于，饮料机尺寸虽小，却保留了各种非常先进的功能，而且产品的生产成本让我们有能力以远低于其他竞品的价格进行销售。现有客户喜欢看到百事公司投资于真正的创新。我们打破了所有的销售预期，巩固了跟现有客户的关系，帮助我们找到了新的客户，并赢得了世界各地数十个设计奖项。最重要的是，我们还向公司证明了，我们可以利用一种新的颠覆性文化，另辟蹊径，开拓创新。这种创新不在于跟其他公司与品牌竞争，更在于为终端用户创造非凡卓越的体验。这完全是一种以人为本（或设计驱动）的创新方式。

在接下来的几年里，我们设计并推出了一系列设备，包括冷却器、饮料机、自动售货机、分液器，不断加强这种创新方式的作用。我们一直在努力寻找用户合意性、技术可能性、商业可行性之间的完美平衡，换句话说，取得人类、科技与商业间的完美平衡。

以人为本创新的新阶段

最近，我们通过这种创新方式设计出了一款新产品——

可移动补水站（Alternative Hydration Platform)，后改名为专业苏打机。该产品是一款分液器，可以自由分配饮料，同时允许用户根据自己的口味与需求制作个性化饮料：你可以调节碳酸化程度、温度等，还可以添加一系列不同的口味，选择饮料浓度，同时补充一系列功能物质（如维生素 B 复合物、电解质等）。

用户可以使用数字阅读器识别二维码，获得一个可重复使用的铝瓶，也可以下载一款应用程序，实现非接触式互动。通过这种方式，他们可以保留自己的偏好设置，根据需要调制饮料。该机器支持多种付款方式，例如按月订购模式，类似于音乐行业的服务模式。

我特别喜欢机器的这种全新迭代，因为它代表着我们又朝着环保、健康与个性化的饮料解决方案生态系统迈进了一步。专业苏打机是系列项目的其中一项。这些项目均专注于研究与推出一系列更加可持续的且对人们有益的产品、包装和材料，满足他们的需求与愿望。最新技术可以极大推动这一愿景的实现。

佳得乐运动水瓶（Gatorade GX）是另一个完美的例子。不过，在这款产品中，核心创新是一个智能贴片。你可以将贴片贴到皮肤上，来监测身体的出汗情况，并通过连接一款应用程序接受相关建议，了解适合你的特定身体需求的最优佳得乐配方。浓缩胶囊里装着各种营养配方，你可以在你的个性化水瓶中将这些配方与水混合制成饮料。这是一款量身定制的健康产品，注重可持续发展，同时采用了包括穿戴式设备与智能应用程序在内的多种最新技术。

2018 年，龙嘉德正式担任百事公司的首席执行官。上述这些项目只是为实现长期以来的核心愿景而提出的几个广泛战略。龙嘉德将以人为本的创新方式视为公司发展的根本动力，他使我们整个设计部在贯彻这种创新战略中发挥了重要作用。我不知道十年后，这些确切配置的产品是否会惨遭淘汰，但我敢确定，未来的产品一定遵循着相同的设计理念：产品将越来越智能化，能够满足我们的需求；设计更加健康，始终尊重环境。此外，设计师、工程师、科学家和企业家应该在科技与社会允许的范围内创造产品。

以人为本的设计与以环境为中心的设计

以人为本是指一种为人类及其生活的世界创造价值的创新方式。不少人对以人为本的设计和以环境为中心（或以生态为中心）的设计众说纷纭。但其实，这种争论毫无意义。人们之所以会争论不休，其根源在于他们误解了以人为本的创新方式。

下面通过一个例子来阐述我的观点：如果你正在利用以人为本的创新方式为你的孩子设计一系列产品、品牌与服务，那么你会设计出一个解决方案，来破坏他们睡觉的床、玩耍的房间与居住的房子吗？很显然，你不会。因为这不是以人为本的设计，不会给你的孩子带来任何价值。那么，为什么有人会认为，以人为本的设计会创造出那种产品，有意破坏我们的环境，伤害生态系统中的其他物种呢？

　　保护他们赖以生存的"家园"（即星球）和居民，符合人类的利益，这才是真正以人为本的设计所要做的事情，以环境为中心的设计是以人为本的设计的关键组成部分。

共创价值：用户如何塑造品牌未来

以人为本的创新方式并不局限于创造新产品，我们还可以将同样的原则应用到品牌领域。

在品牌建设项目中，世界各地的市场营销人员多年来一直遵循着一个特定的规则：确立品牌定位、创造信息、构思故事、围绕它创办活动，然后通过传统媒体渠道将其强加到终端用户身上进行推广。其中，电视覆盖面广，影响力大，是媒体界公认的无冕之王。这是一个单向的交流过程：品牌常常在没有任何回应的情况下与观众展开对话，而且还频繁打断用户观看更感兴趣的内容（如电影、节目等）的节奏。除非你在等待品牌广告结束中途切换频道，否则你就没办法避免这种交流。需要明确的是，有时这些交流会因为其信息内容或娱乐水平而受到赞赏。甚至，人们还对广告时间翘首以盼。例如，在20世纪六七十年代，在我心爱的意大利每日晚间新闻开始之前，电视上都会出现10分钟卡罗塞洛酒店（Carosello）的娱乐广告。至今，这种广告仍然存在，如美国超级碗（US Super

Bowl）的精良广告。但是，这并非行业常态，至少现在肯定不是。我仍然记得小时候跟父母看电视时的焦虑，只要电视上出现广告（20 世纪 80 年代，我们称广告为"réclame"），父亲就会生气地不停换台。总体来说，人们反感宣传广告扰乱节目节奏，可是他们除了忍受别无选择。

在新平台出现之前，情况就是如此。这些新平台首先是以简单的网站形式出现，后来衍生出现在所说的社交媒体与内容点播。就这样，整个环境在短短几年内就发生了翻天覆地的转变。

在当今的数字世界里，品牌不再是产品信息的唯一发送者，让人们被动接收信息。有时，品牌会与热情的对话者展开双向交流，这些人大多是知情者、批判者，乐于分享他们自己的观点。全球各地的人们常常在社交媒体上畅所欲言，在大多数情况下，品牌甚至都没有参与对话，而是被动地与他们展开交流。

有时，当品牌愿景和品牌行为受到欣赏、分享甚至赞扬时，这种交流往往积极正向，但是，当品牌受到批评、攻击和谴责时，这种交流则充斥着负面情绪。这些网络虚拟平台上的交流和对话具有难以置信的潜在影响：如果争论激烈起来，有些人便将其无限放大。于是，不到几个小时，这些信息就会像海啸一般席卷开来、不受控制地传播至各大媒体，无论好坏，眨眼之间，引来数亿人的关注。

之前，世界上的每个品牌都享有特权，前期有完美的规划和精心的设计，然后独自参与到单向对话中。近年来，交流变得完全自由、不可预测。因此，它们也不得不转变角色，成为这种思想交流的对象，也不得不从一个舒服可控的环境中抽离出来，进入全新的环境。之前，品牌可以通过简单获取媒体流量，来购买与观众交流的权利。而如今，它们必须赢得机会，成为大众的日常谈资，而非只追求与观众交流。如果品牌内容对目标受众来说关联性不强、枯燥无聊、落后过时、毫无意义，那么，人们就根本不会考虑它，不会欣赏它，也不会跟别人讨论它，更不会自发地分享与传播。因此，这种内容将无法激发效应，最终，它会丧失活力，甚至走向灭亡。

如果品牌搞不清楚某个特定受众在理性与感性方面的兴趣点，无法对这些兴趣的日常变化方式进行监控与反应，没办法深入了解受众的特点，那么，品牌产出的内容就会渐渐失宠，最终沦为垃圾。当然，你仍然可以购买媒体空间，花钱曝光、炒作，让人们听到你的声音。这是一种重要的宣传手段。可是，如果你宣传的信息无人关注，那么这些内容就会沦为烦人的噪声，会被屏蔽或被抵制。相比过去，现在的观众更有能力让自己备受尊重。

这对任何企业都产生了一种非常明显的结果：如果品牌能够以一种良好的方式吸引到用户，从而激励用户代表品牌生成积极的内容，那么这些内容对我们来说，就是一大笔财富。此外，另一个明显的结果是，用户会对传统媒体发布的内容做出回应。无论用户身处何地，我们都可以通过他们的日常体验与其接触。如果这些产品体验相关性较强、独特新颖、富有意义，那么，用户就很有可能选择分享这些体验，生成自己的内容，化身为品牌的宣传大使。这就是"用户生成内容"。我们身为品牌领导者，需要做的就是了解如何激励用户自己生成内容！

用户生成内容由用户个人贡献生成，能够直接或间接地与其他用户交流。这种内容最强大之处在于这些内容是由用户自发生成的，表达的是用户对于体验的反馈，不具有任何商业目的。重要的是，这种交流要想产生影响，内容的接收者必须信任发送者，而发送者不得背叛信任。这意味着品牌委托或花钱买的内容总会给品牌和创作者带来一定的风险。创作者可能各式各样：他们可能是知名博主、挚友、信任的同事等。当人们在讲述自己发现、使用或欣赏的某些东西时，他们就成为创作者，我们便是接收者。每天，我们身边到处都是分享信息的人。反过来，我们也可能成为别人口中的那个挚友、信任的同事，甚至是博主等。

纯属偶然，我在写下这些话的时候，一件令我惊讶的事情发生了，因为它跟这个话题有着惊人的关联。我刚打完上一段的最后几个字，打算喝着咖啡休息一会儿。我一边喝着咖啡，一边开始在社交媒体上撰写我的日常推文。这个过程甚至都没有经过一丝思考。我会日复一日地把自己的想法、反思和情感写成推文，发布在网络上。这也是一种脱离工作、放松身心的方式。所以，我发现自己即使是休息，但也还在写东西。

几分钟前，我一手端着咖啡，一手翻阅着手机里的数码相册。偶然间，我发现了一张特别的照片，这是几天前妻子卡洛塔（Carlotta）在汉普顿的家里拍的。照片里，我坐在沙发上，旁边放着一系列布娃娃，它们分别代表着世界文化史上不同领域的知名人物，从文学到科学，从艺术到宗教，从政治到哲学等，包括弗里达·卡罗[①]、弗洛伊德、林肯、爱伦·坡、爱因斯坦、安迪·沃霍尔[②]。这些娃娃叫作"小思想家"（Little Thinkers），既提供了玩具的魔力，又融合了历史与文化，非常适合送给孩子当礼物。娱乐与教育相融，让人赏心悦目。以我的个人经验来看，我敢保证，无论真实年龄有多大，只要用户心里还住着一个小朋友，那么他们也会非常喜欢这些娃娃。

几年前的一个晚上，杂志《卷宗》（*Wallpaper*）的主编托尼·钱伯斯（Tony Chambers）在新加坡的一家酒吧里首次给我展示了这些娃娃。当时，我们正吃着日本牛肉和一些开胃小菜，钱伯斯就跟我聊起，他的女儿奥利芙（Olive），才年仅四岁，就在晚宴上长谈毕加索、赖特、莎士比亚。她还称呼莎士比亚为沙基（Shakespeare）！很显然，她并不是在说真正的历史人物，而是在分享娃娃的故事。多亏了这些人偶，这个小女孩才了解了这些永垂不朽的文化缔造者，开始爱上他们，并将他们视作"朋友"。

---

① 墨西哥画家。——编者注
② 美国艺术家。——编者注

我受到妻子的照片的启发，决定将这段回忆分享到网络上。成千上万的人喜欢上了这个故事，其中数百人花时间写了积极的评论。最重要的是，几十个人告诉我，他们读完这篇推文后，立马下单买了一个娃娃。还有，其中一个人给我留了言，激起了我的好奇心：他非常感谢我，因为他在浏览"小思想家"的网站时，看中了一块独特的手表，上面的一个象限里画着艺术家萨尔瓦多·达利的脸庞。我上网查了一下，找到了这块手表。它正中我的下怀，于是，我也给自己买了一块。

这些娃娃对我以及我的朋友托尼意义重大。因此，我受到这种价值的启发，自发地"分享"了故事，而这些分享也给品牌带来了价值，给通过社交媒体与我建立联系的数万人提供了价值。最终，这也给我带来了新的价值，就像我受到追随者的启发一样。价值，价值，价值，无限倍增！

当我回到电脑前继续撰写本书时，我意识到，我刚刚在完全无意识的情况下，经历了我想在本章节中描述的重点。我跟世界分享了一些激励我的东西，我希望这些东西同样可以激励到成千上万的人。我这样做没有任何商业目的与个人利益，纯粹是感激我个人享受的价值，以及希望其他许多像我一样的人可以获得这种价值。我知道，我已经成为这些娃娃的强大品牌宣传使者。品牌给我创造了价值，我也在给其他人创造价值。在这个良性循环中，我又把价值归还给了品牌本身。

我的经历并非特例。这种事情每天都在发生，每个人也都会遇到。在社交媒体出现之前，我们有多少次发现自己在谈论中意的产品，向别人推荐让我们着迷的品牌，或者批判那些让我们失望的东西？马尔科姆·格拉德威尔（Malcolm Gladwell）在其著作《引爆点》（*The Tipping Point*）中声情并茂地讲述了这个故事。在过去，我们只能通过私人谈话、与亲人通电话或者跟朋友吃饭来分享产品体验。托尼就是跟我在新加坡的酒吧里聊天时才分享了对娃娃的体验。如今，我们还可以在社交媒体世界的虚拟广场上分享体验，而且，我们的交流不会再受到时间或空间的限制。

价值是生成内容的原动力。价值驱使人们投入时间，发挥创造力与智慧来生成与分享有关产品或体验的信息。每个人都会积极回应那些对自己有意义的体验——这给人们的生活增添了些许价值。

这种价值可以是情感方面的，也可以是功能方面的。它可以是一个温柔的举动，意想不到地触动你的灵魂；也可以是一个重要事件，产生了非常深远的影响，明显影响了社会发展的进程。此外，价值有很多种形式，从娱乐到安全，从舒适到享受，从可持续到健康，从便利到时尚。它还广泛存在于我们个人及周围人的生活中。当我们接触到一个能帮助我们简化任务的实用型物品时；当我们遇到专为重要场合而设计的精美限量版包装时；当我们参加最喜爱的乐队的演唱会，享受一段特别难忘的经历时；当我们在商场里看到某个品牌的展示而受到启发时；当我们走进城市里一家不错的快闪店时——在所有这些乃至更多时刻里，我们的内心仿佛一下子被点燃了。这些体验触动了我们的灵魂，让我们备受启发，兴奋不已。我们发现了它们，然后将其转化为自己的理性与感性收获。当我们真正遇到这种体验时，那些特殊的时刻很可能会促使我们从口袋里掏出手机，拍照或录影记录，然后以一种自发的、真实的、有意义的方式将其分享给世界上的其他人。

发现、拥有和分享

我刚刚描述的整个过程大致分为三个阶段，可以用缩写的"DOS"简单概括，即发现、拥有和分享。

我们发现一些与我们相关的东西，而这些东西我们之前从未体验过。

就在我们生活的当下，这种体验变成了我们自己的，而且只专属于我们自己。我们拥有了这种体验。然后，我们准备分享这种体验，满怀热情、喜悦和自豪，当然有时也会不屑分享这种体验——这主要取决于体验的性质。

对任何公司来说，整个过程都意义重大。这就像是炼金术士的秘方，极有可能将品牌的每个接触点都转化为用户生成内容。这是我们作为企业家、商业领袖、设计师和创新者当前所生活的世界的巨大新奇之处。人们可以针对每个产品、品牌、空间、服务和体验生成潜在内容，这些内容都是真实的、自发的、难以控制的。

这是一个全新的领域，仍有待开发。从刚成立的初创公在图表上，趋势可以用曲线来表示。趋势是一种浪潮。创新者——至少是优秀的创新者——是时代的弄潮儿，他们更懂得抢占先机，立于潮头之上。

司到跨国公司，很多组织仍有开发空间。这才是真正的创新领域：创新不是指发明和创造新产品，而是涉及整个品牌建设，包括渠道和平台的创新、代码和语言的创新、意义的创新等。创新要先为人类创造价值，再为公司创造价值，这才是品牌领域的以人为本的创新。

适用于品牌领域的"同理心＋战略＋原型设计"

再强调一遍，品牌创新跟产品创新一样，也需要使用正确的工具，来驾驭这些仍待发现的复杂领域，顺利实现创新。因此，设计领域中典型的"同理心＋战略＋原型设计"协同方法也同样非常适用于品牌领域。

我们需要以同情心理解用户，了解他们的需求与愿望、欲望与挫折、好奇与想法，然后通过不同的传播渠道，利用非传统媒介，如包装、室内设计、授权和真实体验，在各种场所（无论是商店、餐厅、体育馆还是剧院）展出内容，进行互动。这些内容必须充满激情、真实可靠、吸引人的同时与用户息息相关。曾经，品牌通过电视、广播、印刷媒体向用户进行单向的、激进的宣传，那个在高速公路上平静地接收这些信息的用户，如今面临的是品牌方全渠道地投放。这些内容通过多个平台，在大街小巷、公共广场上随处可见。如果遵循有意义的设计原则，产品、包装、服务与环境将触动情感与理智，推动用户与他人分享内容。"有意义"是关键。要想实现这一点，核心在于用心倾听用户，利用科技提供给我们的所有工具，从大数据到人工智能，并将它们与强烈的直觉与个人敏感度相结合。

有了这些见解，我们就可以基于此来制定战略、设计原型，然后不断重复这个过程。品牌创新类似于前面描述的产品创新。但不同的是，在这种情况下，我们需要沟通。

重塑体验：打造魔力般的用户旅程

在百事过去的几年里，我们一直活力四射，充满热情，实验了各种各样的项目，旨在通过体验来建设与发展品牌，超越传统沟通的界限，将品牌的每个接触点转变成潜在的内容分享给用户。这是一段充满尝试的旅程，有些尝试遭遇失败，有些尝试收获成功。我们强烈主张进行此类尝试，并从一个个产品与体验中吸取教训。我们脚踏实地，一步一个脚印地尝试，也在每次尝试过后逐渐扩大规模。

我想跟你分享几个品牌创新的故事。我不仅会谈论创新结果，还会提及创新过程、必须克服的困难，以及我们设想、期望与达成这些结果而采取的方法、战略与行动。

百事可乐、迈克尔．J. 福克斯（Michael J. Fox）和《回到未来2》（*Back to the Future 2*）

在刚来百事的前几个月里，我试图思考如何将产品包装逐渐转变成潜在的交流内容。我绝不放过任何机会，打算和我组建的团队分享这一愿景。2013 年 2 月的一天，马丁·布朗走进我的办公室，告诉了我他的想法。2015 年正值电影《回到未来 2》上映 30 周年。而且，同年 10 月 21 日正是电影中马蒂·麦佛莱（Marty McFly）和布朗博士（Doc Brown）飞向未来的日子。百事公司在这部电影中植入了广告，并对此倍感自豪。这是电影史上最著名的植入式广告之一。演员迈克尔·J. 福克斯走进一家酒吧，点了一瓶百事可乐。神奇的是，一瓶我们的可乐出现在他的面前，上面印有一个未来派设计——一个重新设计的标志和一个之前闻所未闻的名字："完美百事"（Pepsi Perfect）。马丁的想法是让"完美百事"成为现实，在电影中马蒂和布朗博士回到未来的那一年完成设计与生产，正式推出产品。我们立马开始工作，进行同理心、战略与原型设计。这部电影非常知名，深受广大观众的喜爱。它的观众就是我们品牌的完美目标受众。我们可以设计一款限量版可乐，放在网上销售。考虑到高昂的生产成本，其售价要比标准的百事可乐略高一些。可是，它不应只是一款消费产品，更该成为一款收藏品。事实上，这款产品甚至都不需要赢利，只需要收回设计、生产与销售成本即可。换句话说，生产该产品单纯是为了建设品牌。

我们先跟市场营销和研发部的同事分享了这个想法，然后又告诉了朋友和家人，开始从终端用户那里收集反馈信息。毕竟，这些反馈很可能会激发出其他创意。我们主要收集有关创新三个维度的见解与想法，即用户合意性（人们想要这款产品吗？）、技术可能性（我们能生产出这款产品吗？生产它有多么复杂？）、商业可行性（从商业角度来看，这款产品具有价值吗？）。这款产品已经在电影中出现过了，所以我们不需要再进行单独设计，只需要通过谷歌快速搜索，就可以将第一版原型分享给所有人。我们发现公司内部与我们有过交流的同事都对此普遍感兴趣，但是没有人表现得很热情，想要正式启动该项目。这并不令人惊讶。毕竟，业务团队成员常常处在各种新项目提案及相关资金请求的不断轰炸中。要让他们相信任何既定创意的力量并非易事。

既然我们意识到了现状，下一步要做的就是把它制作成具体有形的三维产品。在此之前，我们只在电影中浅浅体验了一下二维模型。我们用树脂制作了一个没有任何图案的 3D 原型，来测试它的大小，明确其尺寸。其实，这么做主要是为了让自己手里有一个真实的物品，方便给他人展示和分享。正如我们所料，人们对它越来越感兴趣。谈话内容没有改变，但是人们变得越来越兴奋。他们参与到项目中，变得更加投入，提出更加有针对性的问题。在接下来的几个月里，我们在这些谈话的鼓舞之下，不断提高原型的质量，最终设计出了一款跟成品极其相似的原型。这时，人们明显变得愈加热情起来。由此可见，原型设计的战略还是行之有效的。

但我们知道，我们的创意仍然与公司的年度营销议程冲突，这个议程早在今年几个月前就已经战略性地确定了，并为此计划了一系列活动。这种创意是毫无用武之地的，毕竟，它不适合夏季、圣诞节、返校计划，也不适用于与国家美式橄榄球联盟（NFL）、超级碗、现场之国（Live Nation）及音乐节活动等开展赞助合作。尽管如此，我们还是带着原型，以无尽的热情继续推进这个创意，并将这些原型放在关键决策者的办公桌上。他们有权利与资源来启动这个项目。

直到 2015 年 2 月，一位倍受启发的市场营销人员决定利用当年的一个节日空档，尝试一下这个创意。在百事这种规模的公司里，规划和发展这种业务会相当复杂。任何知道这一点的人都会立马意识到，可以自由支配的时间相当有限。可是，尽管如此，在跨部门的不懈努力下，我们乘着集体热情的翅膀，成功完成了任务。

2015 年 10 月 21 日凌晨 4 点 29 分，公司在亚马逊和沃尔玛在线购物平台上推出了这款可乐。人们早早在网上排起了虚拟长队，准备抢购这款产品。没过几分钟，所有产品都售光了。当天早上，百事可乐在官推上宣布："正如承诺的那样，我们的限量款产品 # 完美百事（#PepsiPerfect）已于今晨 # 回到未来（#bttf）时刻开售了！还没到 1.21 吉瓦，产品就已经售罄了。""Bttf"是电影《回到未来 2》的首字母缩写，而"1.21吉瓦"是指为布朗博士的时光机提供燃料所需的电力。我们只生产了少量的完美百事，成千上万的粉丝没有买到该产品，都大声表达了他们的失望。因此，我们决定开启第二波生产，满足大多数热情网友的迫切需求。

我们与环球公司（Universal）联合开发出完美百事，彰显了我们坚持初心，忠于原作。其次是包装，这是一款用来保护产品的收藏盒，它复刻了德劳瑞恩汽车公司（DeLorean）的时光机。在电影里，这辆车将英雄带到了未来，显示着他们达到的具体时间。这跟完美百事线上发布的时间完全相同。后来，我们还设计了一系列时尚配饰，包括帽子、T恤、夹克等，来庆祝项目圆满成功。在几周内，我们就售出了大量配饰。这完全出乎意料，打破了所有人的预期。

此外，完美百事只在美国发售。可是，自上线后的好几个月，世界各地的人们对此讨论纷纷，媒体也发布了数百万篇报道。这款产品找到了一条道路，走出了北美，到达了全球各地。这个项目进一步印证了这样一个事实：我们生活在一个全球化的世界，鉴于互联网没有任何边界或隔阂，因此，当地业务有机会成为全球交流的对象。即便世界上的某个地区试图通过创建名义上的本地化项目来加强这些边界，人们也能找到方法绕过这些隔阂。通常来说，当一个项目具有全球意义，受到国际关注时，它就会得到普遍传播。无论人们对于这些内容的反应是积极还是消极，这种传播都将发生。

在接下来的几个月，甚至是几年里，我们发现，易贝（eBay）等数字平台在售卖完美百事的收藏外包装盒，而且其售价比原价高得多，有时甚至高达 500 美元。

这个项目是展示"媒介"潜力系列项目的头阵，但这种媒介不适合传统的传播类别。该项目不涉及电视广告或数字内容本身。"媒介"只是一个对象。完美百事既是一种渠道，又是一种内容。它将百事可乐为用户和影响者创造的信息封装起来，以此实现沟通，也在用户与影响者与全世界分享他们的体验时，自然产生了沟通。

百事可乐与碧昂斯

同样的方法也可以适用于产品包装的设计，不需要改变产品结构。我在百事公司参与的其中一个项目就是这种类型的。我们必须在新奥尔良的超级碗上庆祝百事可乐与美国超级巨星碧昂斯达成友好合作。于是，我们邀请了世界知名时尚摄影师帕特里克·德马舍利耶（Patrick Demarchelier），组织了一场摄影活动，并根据这些图片，创作了一系列有关她的画作。我们利用了流行艺术语言，让其绚丽多彩，充满活力，这让人不禁想起安迪·沃霍尔，一位我非常喜欢的艺术家。整个活动含蓄地致敬了沃霍尔，赞颂了他的非凡创造力，以及将艺术与商业完美融合的独特魅力。我们把这些图片用在瓶罐、二次包装、公告板、互联网以及各种不同的平台上。整个活动大获成功，收获了世界媒体的热烈反响。其中，部分内容是我们为大型媒体渠道而创作的，其他大多数内容都是由数百万人自发创作的，以此来表达他们对碧昂斯与百事可乐之间进行艺术对话的欣赏。如今，这些图片仍然挂在总部位于纽约市的百事公司墙壁上。

　　一直以来，我们都面临着一个挑战：定义庞大的产品组合中每个设计业务的艺术水平。一般来说，这些产品组合涵盖 20 多种品牌，总收入超过 10 亿美元，还有数十种品牌在全球 200 多个国家进行销售，收入可达数亿美元，每天销售次数高达 10 多亿。可想而知，设计难度之大，流程之复杂。这种复杂完全在于，我们的产品既要在文化层面上可以让全球数十亿人接受，同时还要设计精美，足以让一群精致的潮流引领者和博主欣赏。我们要想将产品包装变成沟通内容，就需要比以往任何时候更注重这种平衡。也就是说，产品既要能够吸引目标受众，还要让他们真实主动地分享、讨论产品，更理想的是，将其传播到各种数字平台上，覆盖最多的用户，产生最大的影响力。

　　应对这种挑战，不仅仅需要"技术"能力，还需要拥有人才。这些人才需要具有同理心，对美学高度敏感，能基于正确的商业战略产出优秀设计方案。他们还需要具备必要的才能，以便在系统出现反对之声时，仍然可以继续推进"异常"创意。他们必须能够保护这些创意不受流程与文化的反复磨炼，不受市场标准与系统惯性的限制，不受普通的消费者研究的阻碍，甚至不受倾向于规避风险的商业领袖的反对。

　　企业处理包装的能力主要体现在图形设计和结构设计两方面。包装首先应作为沟通渠道发挥作用，其次作为沟通内容扩大影响。这种方法可以成倍地放大公司沟通战略的潜力。纵观历史，不少产品品类更倾向于采用这种方法，例如，巧克力领域的芭绮（BaciPerugina）、费列罗（Ferrero Rocher）与好时之吻（Hershey's Kisses），香槟领域的凯歌（Veuve Clicquot）、酩悦（Moët &Chandon）、唐培里侬（Dom Pérignon）等，香水领域的让-保罗·高缇耶（Jean-Paul Gaultier）、香奈儿（Chanel）、瑞德·克拉考夫（Reed Krakoff）等。这些类别的产品适合送礼，所以它们的品牌战略家就率先利用了这种方法。

可是多年来，百事公司采取的战略早已演变成一种系统规范，应用在了全球上百种业务中。如今，这种战略给我们带来了另一种机遇。人们常常会冲动购买意想不到的产品，并希望通过社交媒体分享这一发现。通常来说，这种产品在视觉上新颖创新，在美学上吸引人心，在形式上与众不同，有别于其他竞品，能给人们带来情感与智力上的价值。而我们的战略恰巧融合了这两点，但不适用于那些传统送礼式的产品品类。这是最基本的。还记得DOS吗？发现、拥有和分享。我们发现了一款巧克力、一瓶香槟、一瓶可乐、一包零食，它们的包装都非常独特、迷人、高档。于是，这成了我们的专属体验；我们独享了这份体验。然后，我们准备在家人回家后，或在跟朋友展示产品时，和他们分享这种体验。如果我们决定在互联网虚拟论坛上谈论这种体验，我们就可以与全世界分享。

超级碗

产品和包装是品牌最为重要的接触点，也是用户决定购买和使用的关键。几年前，宝洁公司就明智地将用户购买和使用的时间点定义为"第一关键时刻"和"第二关键时刻"。在前一个阶段，用户第一次接触产品，那时甚至还没有购买。在后一个阶段，用户使用产品并从中受益。由于社交媒体的出现，产品和包装不再只是简单的购买与使用对象，而是由用户生成的潜在交流内容。

然而，品牌的其他亮点也具有同样的潜力，活动平台就是其中之一。对我们公司来说，活动平台变得日益重要。百事公司主要投资于两类活动：音乐与体育。比如，百事赞助国家美式橄榄球联盟、超级碗、美国职业篮球联赛（NBA）、全明星赛（All-Star Game）、欧冠（UEFA Champions League）和现场之国等重大活动。此外，百事公司还会投资体育场馆，馆中的饮料摊位主要有两大竞争对手——百事公司和可口可乐公司。过去，我们主要通过在墙壁、公告板、餐厅菜单、苏打饮料机和冷却器上张贴的品牌标志来实现品牌曝光。像超级碗这样的大型活动是世界上最受关注且花销最高的媒体活动。在这种活动中，我们还会把重要预算分拨给到电视广告与中场表演。

2013 年，我首次开始负责超级碗的项目。我在推进百事与碧昂斯的合作项目期间，刚了解了这次活动的巨大规模。可是，我在 2012 年 7 月才刚加入公司，没有机会参与到活动设计中，也没有机会发挥自己的作用。毕竟，这个项目需要提前一年多开始规划。2014 年的纽约超级碗是我第一次有机会跟美国业务团队展开合作，尝试做出一些真正与众不同的东西。

在这种情况下，我们决定引入一种新的设计工具——绘制用户旅程图。在此之前，公司从未在这种类型的项目中使用过这个工具。我跟一个小团队一起负责这个项目，而这个小团队的领导正是我最亲近的上司雷莎·金（Leighsa King）。雷莎非常聪明，富有同理心且才华横溢，是一位不折不扣的思想家。我们过去所说的"商业设计"就是由他来负责的，而这种设计对百事过去以及未来几年的能力发展起到了至关重要的作用。我们一开始便将目标受众划分成了六类：普通客户、贵宾客人、社会名流、媒体、粉丝和公司内部员工。可是最后，无论喜欢与否，那些对橄榄球不感兴趣的纽约人民也会因为自己的城市举办这种规模宏大的活动而备受鼓舞。

超级碗通常在星期天举行，但是，大多数观众都会提前赶赴主办城市，举办庆祝活动。六类目标受众都会以不同的方式和流程来体验这场活动。我们还非常详细地定义了这些独特的体验阶段。

例如，百事公司的客人通常来自其他地方。从他们抵达机场的那一刻起，体验就开始了。此后，每一刻都将经过慎重考虑和确定：乘坐交通工具前往住处、参观酒店、参观城市、晚间娱乐、前往体育馆、观看比赛、享受赛后时刻、送至机场，最后启程回家。我们设计了每一个元素，从机场迎宾人员的制服到员工写在标识牌上的内容，从班车的外部装饰到为顾客准备的车内饮料、零食和小配饰。

在这个城市里，我们主要关注两个不同体验阶段：人们在酒店的体验以及决赛前几天在外游玩的体验。我们在酒店内确立了一个战略区域，并对其进行了全面改造，搭建了一个主题区域——百事之城（Pep City）。在此，我们提供了各种娱乐与信息咨询，供他们娱乐消遣和获得支持。有一年，我们在纽约的百事之城，首次向大客户展示了我们的新型智能苏打饮料机——"尖塔"（Spire），还提供了各种独一无二的音乐时刻和烹饪旅程供他们享用。每个细节，从椅子的设计到食物的准备，都是为了创造机会，让他们与品牌和产品相遇，留下深刻的印象和难忘的回忆。

此外，我们还关注酒店外的娱乐。我们在纽约的布莱恩公园（Bryant Park）搭建了一个帐篷，提供了丰富的艺术、音乐与饮食体验。整体设计极具开拓性，氛围充满活力，场面相当火爆。我们邀请了新兴艺术家，如才华横溢的马塞拉·古铁雷斯（Marcela Gutierrez），让其伴着说唱的节奏进行绘画创作，为粉丝、客户和纽约路人提供娱乐。我们还召集了多名明星厨师，组成了一个梦幻天团，包括大卫·布克（David Burke）、马克·福吉奥尼（Marc Forgione）、迈克尔·帕西拉基斯（Michael Psilakis）等。他们从我们提供的零食和饮料中汲取灵感，制作菜肴，调制鸡尾酒。晚上，我们还邀请了奥斯汀·马洪（Austin Mahone）、罗伊斯王子（Prince Royce）、瑞格·马利（Ziggy Marley）等明星，共享音乐盛会。该空间还放置了一个老式的百事可乐标志雕塑。该雕塑的设计灵感源自东河（East River）边朝向曼哈顿的著名地标，由艺术家丹尼尔·阿尔轩（Daniel Arsham）设计而成。阿尔轩按照他的典型风格，将其设计成了纯白色。精致艺术与设计、流行食物与音乐相互交织，让人们既能轻松享受这场面向大众的活动，又能参与丰富多样的庆祝活动。

因为社交媒体成倍放大了用户体验，所以这种方法比以往任何时候都更具价值。阿尔轩设计的百事可乐雕像、布克用桂格燕麦（Quaker Oats）制作的菜肴、罗伊斯王子在公园的表演——所有这些都在网络上广泛传播，各种各样的人积极评论，给我们提供了内容。一切都基于人们真实的兴趣与自发的热情不断传播开来。

这个创意成功的关键不仅仅在于我们对用户旅程的定义和对理想体验的设想。通常来说，我们既要举办复杂多样的活动，又要确保这些活动能够吸引大众，但是，实现这两点的平衡极具挑战性和复杂性。成功与否的差异更在于我们在艺术与商业、灵感与乐趣之间的执行质量。

这种方法产生了积极影响。因此，公司决定每年举办活动时都采用这种方法，不断改进完善，增添全新元素、变量、标准和娱乐形式。于是，在下一届超级碗，我们跟布鲁诺·马尔斯（Bruno Mars）等明星开展了令人难忘的合作。我们还采用了各种各样的方法，邀请了雷迪·嘎嘎（Lady Gaga）、贾斯汀·汀布莱克（Justin Timberlake）、凯蒂·佩里（Katy Perry）、碧昂斯、詹妮弗·洛佩兹（Jennifer Lopez）、夏奇拉（Shakira）、酷玩乐队（Coldplay）、魔力红（Maroon 5）、威肯（The Weeknd）、德瑞博士（Dr. Dre）、肯德里克·拉马尔（Kendrick Lamar）、玛丽·布莱姬（Mary Blige）等许多艺术家进行中场表演。艺术、食物、音乐、运动应有尽有，给用户提供了独特新颖、难以忘却的美好体验。之后，用户将这种体验生成内容，广泛传播开来。整个过程影响范围甚广又相当自然顺畅。在这个过程中，市场营销与设计部门携手合作，虽然没有实现紧密融合，但互相帮衬，效果完美。在接下来的几年里，我们开始赞助欧冠，将这种方法带到了全世界。第一场决赛就是在米兰举行的，我将永远记得我的好朋友班尼·班纳西（Benny Benassi）在比萨大教堂广场（Piazza Duomo）的那场美妙音乐会。

米兰设计周

多年来，这些活动不仅见证着公司和品牌的对外交流和传播，还扮演着另外一个非常重要的角色，即检验创新理念的宝贵平台。

我们常常利用米兰设计周来检验创新理念。一方面，米兰设计周是我们向全球各地人民展示品牌的精致窗口。来自188 个不同国家和地区的大约 50 万人在一周内纷至沓来，齐聚米兰。另一方面，米兰设计周也是一种研讨会。在这里，我们可以检验创新理念，跟合作伙伴、设计师、社会名流、顾客、记者和终端用户建立全新的交流。从本质上讲，我们设法将交流时刻转变为成熟的经验实验室。顺便说一下，这个实验室基本上是免费的，因为它是基于现有平台的强大支撑而建立的，无论如何我们都会投资。

我们创造了各种各样的设施，除了名字，其他一切都有待实验。在创新的过程中，这些设施可以充当原型，因此，它们具有我们之前讨论的各种优势：协调一致、共创、富有吸引力、建立信心。我们通过它们收集反馈和见解。因为这些反馈和见解是无价之宝，可以帮助我们了解创意是否能让用户满意，从而更好地定义技术和商业是否可行。而且，它们还让公司内部对项目的潜力产生了信心，使整个组织围绕这一理念凝聚力量、协调一致。

在米兰，我们已经利用产品收获了完全意想不到的效果。例如，传奇的 Bublz 给用户提供了一种多感官的体验，后来发展成了上海迪士尼乐园、宾夕法尼亚州好时主题乐园（Hersheypark）等畅销产品。每到夏季，我们茶馆的广告就会遍布整个曼哈顿，茶馆也成为茶叶业务交流中的必谈话题。后来，可乐之家（Kola House）成了纽约米特帕金区的餐厅和俱乐部。乐事 Chiperie 展厅也成为中国、美国等地举办活动与设计产品的基础。

在米兰，我们还涉足时装业，跟杂志《服饰与美容》（意大利版）（*Vogue Italia*）及其主编弗兰卡·索萨妮（Franca Sozzani）展开了友好合作。索萨妮为人热情，是我很喜欢的一位朋友，可惜英年早逝。她从百事品牌中汲取灵感，设计了时装系列，并发起了一个面向全球青年才俊的创意挑战。我们和拉普·艾尔坎恩（Lapo Elkann）密切合作，其受到百事可乐世界的启发，创造了很多令人惊叹的精致产品，从眼镜到菲亚特500（Fiat 500）汽车，所有这些都与百事品牌资产与文化保持一致。我们还做了很多很多的尝试。这些合作和时尚系列产品成为早期原型，激励公司按照一种全新的方式来实现专利战略。

我们与创意界的众多明星开展对话和合作项目，包括凯瑞姆·瑞席（Karim Rashid）、法比奥·诺文布雷（Fabio Novembre）、马塞洛·布隆（Marcelo Burlon）、斯蒂凡诺·乔凡诺尼（Stefano Giovannoni）、乔布·史密兹（Job Smeets）、帕特里夏·乌尔基奥拉（Patricia Urquiola）、保拉·安特那利（Paola Antonelli）、尼古拉·福米切蒂（Nicola Formichetti）、大卫·奥尔达尼（Davide Oldani）等。我之所以列举了这么多人，是因为他们在某种程度上让人出乎意料：也许，你通常不会把他们跟大众市场的品牌联系在一起。我们再一次将艺术与商业、复杂活动与大众兴趣进行了微妙又艰难的融合。多年来，米兰设计周一直都是一个成功的神奇论坛，既促进了交流，又检验了创新理念，还提高了顾客与用户的参与度。

在有敢于挑战的欲望与创造解决方案的能力之间实现平衡一直是成功的关键因素之一。一方面，我们要敢于挑战，设想我们的创意适合于世界上最为重要的设计活动。另一方面，我们的解决方案要具有一定的商业价值。体验是为了他人而创造的。可是，我们总是沉迷于自己的创意能够符合客户眼中的商业性。我们想要通过给予梦想来激励他们，与他们分享我们大胆思考的成果。与此同时，我们也希望展现务实精神，即我们有能力为自己和他们服务，将这些梦想转化为商业价值。

促使我的设计团队在米兰认真工作的主要动力是两位全球管理者，他们在自己的工作中完美地结合了上述两个方面。这并非巧合。一位是理查德·贝茨。他经验丰富、成熟冷静、直觉敏锐、温文儒雅，是一位不折不扣的设计师。多年来，他一直领导着食品服务部门开展工作，而这个部门掌握着百事公司与一些最大客户的关系。另一位是马蒂厄·阿基诺（Matthieu Aquino）。他是我于 2003 年在 3M 公司聘用的第一个人，他是一位聪明睿智、独具匠心、精明敏锐、坚持己见的领导者，后来加入了百事公司，负责管理体验设计团队。

我安排他俩监督米兰设计周的工作，在体验与商业、灵感与业务、梦想与销售之间营造了一种健康的紧张氛围。理查德与马蒂厄都是整体设计领导者，他们在各自的职业生涯中一直扮演着两个明确互补的角色。他们作为领导者，又完全有能力自己平衡这两个方面，以至于他们多年来多次互换角色，领导公司的两大主要部门：饮料业务和食品业务。他们还能够互相理解，知道如何达成完美和谐的交流合作。因此，他们堪称完美搭档。

我们还和世界上一些大型连锁酒店、餐厅、零售机构的高管分享了我们的愿景，让他们切身感受百事公司的创新现实与远见卓识，然后，我们精心策划每一个细节，让他们在游玩城市时充分体验，以理解其他品牌在米兰设计周期间是如何为产品、品牌、服务与体验提供创新的。这些品牌包罗万象，从汽车到家具，从时装到消费性电子产品等。我们的客户都对此表示赞赏。我们在米兰的工作不仅增强了现有的伙伴关系，还建立了全新的伙伴关系，产生了令人惊喜又难以忘怀的美好对话。从米兰回来后，我们继续开会，进行头脑风暴，展开全新对话，实施新项目。米兰设计周已经成为我们的核心活动。它以一种意想不到的方式，让我们与行业内的重要参与者建立关系，并加以巩固。多年来，这些伙伴关系直接促成了很多重要合同的续约，并收获了巨大的成功。

最后，还有重要的一点，这种创新方式有助于改变百事公司在设计与创意媒体眼中的形象和定位。已故的建筑杂志 *Dezeen* 创始人兼主编马库斯·菲尔斯（Marcus Fairs）在 2016 年写道："像耐克、百事可乐这样的流行品牌在今年的米兰设计周上成为焦点，正在争抢传统设计品牌的风头。"他还在同篇文章中比较了苹果与另外两家公司，这两家公司也参加了当年的米兰设计周。仅仅在几年前，百事可乐甚至都没有入过全球设计精英的眼睛。而如今，人们把它跟神圣的设计传奇相提并论。世界各地的社交媒体开始不断报道，撰写了大量文章，自发发布了不少帖子，还热情地给予反馈。这些内容都给百事创造了全新价值。这种价值独一无二、与众不同，在消费品制造行业看来绝对非同寻常，并且这种价值不断递增，变得尤为宝贵。这些活动、产品与合作（即品牌的接触点）变成了全球社交媒体世界里的内容。一场真实活动受到了成千上万人的关注，然后在数字平台上广泛传播，影响到成千上万的人。这代表了大众市场公司在交流方面所做的创新。这个公司不断创造产品，产品在郊区的家乐福（Carrefour）与沃尔玛、社区里的夫妻店、公司的流动餐车上进行售卖。

从百事可乐和 D 二次方到佳得乐与耐克

我们从 2014 年开始实行的品牌战略，在米兰的时尚合作是这几年来战略计划实施的一部分。这个战略是由上海设计团队特别制定的。从我加入百事的第一天，我就已经认识到我们的品牌具备拓展到时尚界、服装界和其他领域的巨大潜力。我认为这些伙伴关系给我们提供了很多不可思议的机会，让我们可以跟世界各地的人们建立全新联系，展开积极对话。

你可能不会在喝百事可乐的时候跟朋友分享照片，因为你也许认为当下的体验不够特别有趣。可是，当你在当地精品店购买了一件"百事可乐联名款 D 二次方"（Pepsi by Dsquared2）卫衣，并将其穿在身上时，你也许会非常自豪地分享照片。佳得乐可能是你最喜欢的运动饮料品牌，可是它或许不会出现在你任何社交媒体的推文中。但是，你刚从网上购买了一双绝佳的佳得乐联名款耐克飞人乔丹（Nike Air Jordan）

球鞋，或许你就会跟全世界分享。授权是潜在的用户生成内容，需要待时而动。授权做得好，可以给予品牌积极的曝光。而且这种曝光可以产生收入，带来回报，投资回报率显而易见。而这恰恰就是我们的直觉与战略。

那时，当我们开始试验授权时，上海对我们来说拥有一种神奇又出乎意料的魔力，混杂着非同寻常的异质元素，产生了各种各样的局面。无论是过去还是现在，中国一直都是时尚界的制造引擎。数百种西方奢侈品牌都在依靠中国力量。中国社会天生倾向于创新，能够从容面对风险。因此带来的最直接的影响是，中国的营销文化也自然偏向创新与风险并存。人们早已准备好尝试各种品牌，且对新奇事物尤为激动。

现在，请将这些信息与一位热爱时尚的意大利设计领袖关联起来。当时，百事公司的中国区设计总监是一位有着托斯卡纳口音和血统的年轻人。他就是吉安莫洛·维拉（Gianmauro Vella），但所有人都叫他吉米（Gimmy）。他风格冷酷，大胆越界，成熟老练。他常常戴着耳环，因此，你很容易认出他。他热爱社交，与创意界关系密切。2008年，吉米刚从欧洲设计学院毕业，我便聘用他担任3M公司的实习生。2010年，我请他搬到上海工作。我加入百事公司后，决定在上海开设一家设计中心，并提议他跟我一起去。2014年的夏天，我和吉米立马开始投资授权，以一种全新的方式来支持品牌工作。百事中国（PepsiCo China）不仅让我感受到了吉米的审美和文化影响，还让我见证了独特的敏锐力、工作速度与创业精神。我在世界其他地方从未见识过这种水平。我猜想，经济繁荣时期的意大利与 20 世纪 50 年代的美国可能拥有类似的能量与动力。随着时间的推移，我和吉米发现，一大批当地的营销人员非常理解我们，希望沿着这条全新道路继续走下去，不断建设品牌。而且，他们愿意，也非常希望去尝试。

在过去的几年里，我们从品牌中汲取灵感，推出了大量时装系列。这让我们收入颇丰，热情大涨，同时，也大力支持业务团队开展自己的活动与促销。百事可乐成为上海时装周（Shanghai Fashion Week）的官方赞助商，创造了一种活动、产品与体验共存的生态系统，促使我们将时装系列与活动、限量款百事可乐、在线促销及数字内容联系在一起。中国是实验的沃土，我们在那里将用户生成内容战略运用到了极致。百事中国也开展了大量的合作，包括时装、限量版包装、产品与设计驱动活动等，活动数量与美国不相上下。但通常来说，中国在当地文化的推动下，更勇于承担风险，敢于美学创新，美国在这方面略逊一筹。中国一直以来都非常注重原型设计，多年来，我常常将中国作为基准来推动其他国家大胆创新。

今天，我们的授权和销售战略有了长足的发展。需要明确的是，公司把管理利润和收入的重任交给了一批设计师。整体业务都在成倍地增长，这不仅归功于那些业务主管，他们相信这个创意，也信任设计师，还归功于一系列富有创造力的领导者——他们实现了这一愿景，还超越了公司预期。这两类领导者相辅相成，如果没有了他们，这个战略也不会取得今天这样的成就。

今天，马蒂厄·阿基诺在纽约管理着整个部门以及一个小型专家团队。最重要的是，在过去的几年里，他领导着整个全球饮料设计团队和食品设计团队。其中，全球饮料设计团队人才济济，有着数十名创意人才。而食品设计团队与各个公司的业务领导充分合作，将我们的设计理念与他们的商业战略同步推进。这让我们可以加快实施整体授权战略，促其成为一个创收平台与品牌建设的工具。诸如百事与彪马（Puma）、斐乐（Fila）、D二次方、奇多（Cheetos）、永远21（Forever 21）、莱芙士（Ruffles）、耐克、佳得乐、乔丹等合作只是应用品牌推广新方法众多例子中的一些。它们能够激发热情，创造对话，让用户与我们的品牌建立牢固的联系。

这个平台极难管理，需要管理层对时尚设计、产品、图形、室内设计和数字领域具有整体的审美，并掌握相关知识，还要全面了解公司的商业战略。像马蒂厄、吉米这样的人，多年来同我一起工作成长，他们经过这些年在3M公司与百事公司的磨炼，逐渐成了成熟的领导者。他们拥有一种完全自然的直觉，再加上数十年的工作经验，已经成为行业的佼佼者。在将公司授权重新定位成品牌推广工具的过程中，他们是不可或缺的合作伙伴。如果缺少了具有合适性格的正确人选来管理业务，那么任何流程、商业模型或战略都是纸上谈兵。我们会在后续章节中深入讨论这一话题。

适用于文化领域的以人文本的创新

我与你分享的只是小部分以人为本的创新项目，多年来，我们一直都在推进这些品牌和产品相关的项目。或许，没多少人会想到将这种创新方式应用到食品与饮料领域。我在加入百事公司之前，也没有意识到这种创新方式可以给公司乃至整个行业带来无限可能。

2011 年，一位招聘人员把电话打到了我在明尼阿波里斯的家里。她告诉我百事公司想要与我联系，请我担任公司的首席设计师。于是，我告诉她，我对此不感兴趣。当时，我已经是 3M 公司的首席设计师了，正在推进一个激动人心的创新项目。那个项目利用了 50 多种不同的技术平台，覆盖了 60 多个行业中几乎全部的现有产品品类。我在百事公司能够做什么呢？为他们的品牌设计漂亮的包装吗？这并不足以激励我跳槽。但是这位招聘人员和百事的人才招聘团队一直坚持不懈地说服我，让我好好考虑一下，还安排我跟布莱德·杰克曼、卢英德进行了交谈。这开启了我的发现之旅，让我充分了解到，在这个行业中，这种智能的设计驱动创新方式可以产生无限机遇。

我带着这种意识，手拿着一本书，前往纽约跟卢英德、布莱德进行首次会面。我拿的书是沃尔特·艾萨克森（Walter Isaacson）的《乔布斯传》（*Biography of Steve Jobs*），其中第 154 页贴着一张红色的便利贴。这一页主要描述了创造商界历史的两个人在一个不知名地方进行的一次谈话，当时乔布斯低着头，盯着自己的脚看。经过一段沉重而又令人不适的沉默后，他提出了一个问题。这个问题困扰了我好几天。"你是想卖糖水度过余生，还是想和我一起改变世界？"乔布斯正在跟当时的百事可乐总裁约翰·史考利（John Sculley）交谈，试图说服他离开百事，加入苹果公司，担任首席执行官。

当时，我们坐在瓦尔哈拉百事公司实验室外的一辆车里。我便翻出这段话，指给布莱德看。等到后面跟卢英德在她的办公室里见面时，我同样也给她看了这段话。我告诉他们："我想要和你们一起向乔布斯证明，百事可乐远不只是糖水，我们也能用自己的方式改变世界。"重新定义品牌建设的艺术，投资公司未来的产品组合，处理可持续发展、健康等重大问题，搞清楚全新技术在其中的推动作用等，这些挑战都让我兴奋不已。我们也许不会发明苹果手机，但我们肯定可以给数十亿人的生活带来积极影响。2012 年，我怀揣着这个梦想，加入了百事公司。十年前，我加入全球最大的创新公司之一——3M公司时，同样怀揣着另一个雄心勃勃的梦想：利用设计发展公司的创新文化，对全球产生积极影响。我永远不会放弃梦想。我的梦想比我自己还强大。

在接下来的几年里，我在百事公司找到了一大批优秀的同道中人、合作伙伴与赞助商。

2018 年，龙嘉德接替卢英德成为百事公司的首席执行官。他仍然坚持以人为本和设计驱动的创新方式。在他的领导下，我们周围的一切事物，不是由大自然母亲创造的，就是由设计师、创新者或企业家等人经过想象、思考、设计和建设而成的。无一例外。

设计团队扩大了创新范围。整个团队的规模扩大了三倍，还前所未有地进一步将这种创新方式融入公司的基因里，使其在多个领域的影响力翻了一番，在有目的的创新与可持续发展方面坚持不懈。

我在笔记本电脑上打下这些字时，手机上突然闪现出一条通知。那是龙嘉德发给我的一条信息。他在一张纸上画了合作项目的草图。这就是我所说的"原型"。我们的首席执行官绘制了一份草图，来分享上周讨论的一种可能推进可持续发展战略的方法。不管怎么说，这份草图绝对就是原型。龙嘉德不是设计师，可是他充分理解原型设计的力量。他不害怕撸起袖子，画出想法，也不害怕与那些专业从事绘制草图和设计的人进行分享，因为他明白，无论原型是何种形式，都可以激发对话，改进想法，让人们携手共创、协调一致、兴奋不已，同时信心满满。

百事公司是全球第二大食品与饮料公司。龙嘉德从掌管公司第一天起，就将可持续发展和以人为本作为公司的使命。而且，他始终全心全意地履行使命，并将使命渗透到重大战略决策、日常对话、行动与事实、文字与数字以及这些草图与原型中。

他们的梦想让我的人生与众不同，龙嘉德、卢英德以及多年来我遇到的众多其他领袖。这些人太多了，我实在无法一一列举。但请知道，我永远记得你们所有人，对于你们每个人，我始终心怀感激与敬意。在外人看来，跨国公司可能就像由无数程序和人类齿轮构成的巨大机器。但事实上，跨国公司只是一个集体社区，那里的每个人都拥有远大愿景和抱负，情感充沛，也有所恐惧。这就是你改变世界的方式：与那些关爱他人的人一起，靠想法与行动的力量，靠人的力量，去改变世界。

我在大公司里工作了二十多年，参与了数千个项目，涉及上百个产品类别和数十种不同的行业。在这段时间里，我逐渐意识到，规模最大、最为重要的项目不会跟任何特定的产品、品牌、服务或体验关联在一起。我做过的最为重要的项目不是发明一款革命性设备，让用户能够根据情感与身体要求制作个性化的食品与饮料；也不是对百事可乐、乐事等全球标志性品牌进行历史性的重新设计。无论是过去、现在还是未来，我在公司里参与过规模最大的项目都是对组织的创新文化进行再设计。该项目旨在产生一种完全以人为本、设计驱动的创新方式。在这种文化下，公司总能设计出最好的产品、品牌、服务与体验。可是你必须从正确的创新文化开始。那是我的抱负，也是我的财富。我本着这种想法，组建了一些设计团队来体现并促进这种文化。我通过跟其他业务领袖合作，已经投入了无尽的时间与资源来传播这种创新文化，并将其融入公司的基因里。

我还应用这种设计驱动、以人为本的创新原则来设计与推进这种文化：我以同理心定义了一种战略，并开始注重原型。我在 3M 公司这样工作了十年。之后，我也在百事公司继续这么做。

2002 年，我正式加入 3M 公司，在欧洲地区办事处担任设计协调员，负责六大市场之一（消费者市场）的业务工作。十年后的 2012 年。我辞去 3M 公司的第一任首席设计官一职，离开了 3M 公司。那时，3M 公司已发展成一个成熟组织，在美国、欧洲和亚洲都设立了自己的设计中心，每个地区都分布着数十位不同类型的创意人才。此外，3M 公司还赢得了数百个设计与创意奖项，在公司业务各个方面都取得了切实可见的成果。

同年，我加入了百事。当时的百事的设计能力还需要进一步培养。于是，我再一次投身一线工作。我与卢英德、布拉德一起建立了设计组织的第一版元素原型，然后开始将这种全新文化推广出去。我们当时处于"创业模式"，整个公司总部位于纽约，仅由十几名才华横溢的专业人士组成。在接下来的六年里，团队不断壮大，发展到上百人，分布在四大洲的十几个地方。这种创新文化开枝散叶，影响日渐增大，融入了公司的基因。

自 2018 年以来，我们在龙嘉德的领导下，在拉什曼·纳拉辛汉（Laxman Narasimhan）、拉姆·克里希南（Ram Krishnan）和简·韦克利（Jane Wakely）的支持下，正式进入了"扩张模式"。公司扩张到 300 多人，并不断发展到今天，遍布全球各地，全球战略据点超过 15 个。现在，这种创新文化已经成为公司的内在元素。

不过，这毕竟是一段漫长征途——永无止境。公司总有改进的空间。这是一段在卓越时代不断追求卓越的征途。在这段征途中，我们始终以人为本，人类不仅仅是项目的调查对象，还是项目的驱动力量。为这些人设计一种文化，以此推动其他一切发展，是最为复杂和重要的项目之一，也是我们能够想象到的最令人激动的项目，影响最深远和最持久的项目。

第6章 人文之光：创新中的人本关怀

我们已经看到，在新技术、全球化与数字化的推动下，当今社会日新月异。时至今日，大众市场和社会中存在的保护平庸设计的旧壁垒正在逐渐瓦解。我们正在迈入一个全新的世界，变化前所未有，创新势在必行。不创新就没有出路：要么创新，要么被别人取代。总会有人迟早要取代你。毕竟，我们迈入的时代是一个追求创新的时代，一个卓越时代。

我们继续分析与解读一种新型的创新方式：无论是针对产品还是品牌，我们都要将人类置于一切事物的中心，即以人为本的人文主义创新方式，因为这是在卓越时代实现成功创新的唯一方式。我通过列举几个个人故事，与你分享这种创新方式的优势，也试图描述这种创新方式的一些普遍原则。

在这一点上，如果你感兴趣，想要进一步了解设计驱动、以人为本的创新方式的工作流程、结构框架与常用工具，你可以查阅到大量关于这个话题的文献。很多图书都是关于这些细节的，而且，人们从各种会议与大学课堂中提炼内容，生成了大量数字化内容。这些内容代表着专家、理论家、从业者的个人反思以及大量的辩论结果。确实，谈到创新，我们大多都会围绕着这些内容进行讨论：工作流程、结构框架、常用工具。讨论往往仅限于此，毕竟，这些都是创新的基本构成要素。但是还有很多要素往往能够决定一切，对任何项目的成功来说都不可或缺。可是，我们常常忽略这些要素，不做分析，不去理解，甚至都不曾赞颂。

我们会率先讨论创新的工作流程、结构框架与常用工具，但最终我们也不会提及需要管理、理解与使用这些工作流程、结构框架与常用工具的人。或者至少，我们在讨论创新话题时，没有常常聊起这些人。

我们就是创新本身

创新文献中引用的一类人通常是创新工作流程中的对象——为了达到研究目的，我们需要将其放在显微镜下，仔细研究、剖析与检查。全世界的专家都在教科书、专业会议中不断强调以人为本。作为高薪顾问，他们一遍又一遍地跟公司重复着同一件事情："走出这间会议室，走出公司，走向世界。多去了解那些购买和使用你家产品的用户，多去见见他们，跟他们聊一聊。"

但是，在专家与理论家参与的创新文化辩论中，以及在大小型公司会议室里进行的务实与战略之争中，我们还常常忽略了另一类人。这类人能够高效地提出全新创意，他们可能是企业家、创新者、梦想家、设计师、营销人员或研究人员，他们被寄予厚望，能够观察、分析、思考、设计原型与制作产品。此外，还有一类人负责支持、资助、建设、领导与激励这类创意，他们就是首席执行官、商业领袖、投资者和股东。最后，另有那么一群人在某种程度上也与创新工作流程挂钩。他们与这些工作流程产生冲突与互动，时而促进创新，时而阻碍发展。

我们很少谈论这些人的特征，比如他们的思考方式、行为作风、决策模式、互动形式、思维表达以及对集体文化习惯的影响等，这些都与公司有效创新的能力直接相关。太多书籍、公司、机构、大学和领导者都只把创新当作一个过程。然而，过程只是一种工具。只有工具，但缺少使用工具的人，那一切都毫无意义。工具永远不会产生创新，人类只有提出正确的问题，找到正确的答案，依靠直觉，敢于冒险，乐观大胆、积极热情、坚韧不拔地工作，才能产生创新。

工具就像画笔，你把它放到毕加索的手中，或交给你的财务顾问，只要你的财务顾问不是毕加索转世，结果将会截然不同。画笔就跟画布与颜料一样，是绘画的必需工具。但也仅此而已，艺术家的才能才是重中之重。然而，有些机构花费了数百万美金雇用顾问，目的就是给他们制作一支更好的画笔——由优质木材与动物的毛发制成；形状多种多样，包括圆锥形、扁平形、分叉形、扇形等，而且价格高昂，令人望而却步。他们把大量的时间和资金都花费在讨论、展示、规划与预测过程中，全然忘记了讨论毕加索 —— 他会怎样思考、怎样看待世界、怎样握笔、怎样与周围世界对话等。矛盾的是，在很多组织中，人们深信制作合适的画笔要比寻找、培训、引导、激励和留住毕加索困难得多。

这就是近年来在著名的"设计思维"过程中发生的事情。有人认同，有人反对，莫衷一是。一些人认为这是巨大商业成功的源泉，还有人认为这是可怕的失败。那些反对"设计思维"的人只是瞄准了画笔。事实上，设计思维对于大多数组织来说就是一支优质画笔。相反，人们首先需要理解和最终批判或赞扬的是，这些画笔在每个项目与公司中的使用方式。画笔背后的使用者是毕加索本人，还是以绘画为爱好的财务顾问？

需要明确的是，如今大多数企业并非毫无头绪，它们的人力资源部门拥有着聪明的头脑和重要的资源，致力于解读理想的领导价值、绝佳创新者的特征以及成功组织的文化。但是，当商业领袖开始讨论必要的战略，来推进更加激进的创新项目时，他们几乎默认使用那些熟悉且稳定的工具与流程，并通常将那些在职业生涯中展示出某种价值的人才引入项目流程。大多数情况下，这些人才都具有类似的背景：他们都获得了工商管理硕士（MBA）学位，是典型的 A 型人格 ①，毕业于

---

① A 型人格的特征是脾气比较火爆、有闯劲、遇事容易急躁。——编者注

顶尖大学，分析能力强，对流程与数据有着深刻的理解，而且对数字有天赋。这样做最基本的想法就是，如果这类人在过去的工作中取得了成功，而且他们聪明睿智、积极主动，那么他们也将知道如何应对这种全新的创新挑战。可是，情况通常并非如此，这些人都惨遭失败。

在卓越新时代，实践创新需要具备一种与众不同、非凡独特的能力。你需要的是这样一类人：他们擅长分析，好奇心强，为人客观，情感充沛，对数字敏感，且会用心付出。而且，你还需要一个能够利用非凡方式来体现这些能力的人。创新相当复杂且困难无比，所以你需要一位特殊的人才来引领创新。要找到一个能权衡分析能力与创造能力的人已经很困难了，要找到一个可以用独特的方式平衡这些品质的人难上加难。然而，这就是创新所需的人才。

研究工作流程并不会让你成为创新者

如果你想要重新创造史蒂夫·乔布斯、亨利·福特、理查德·布兰森、杰夫·贝佐斯、比尔·盖茨等人创造过的东西，单单研究他们的战略、流程和工具是不够的。你还必须研究他们的内心与思维、问题与答案、成功与失败、时间与时机。当然，你还需要一定的运气！我们如何才能吸引这些人加入团队？我们怎样才能成为他们那样的人？我们如何激发员工的这种才能，并让其充分发挥出来呢？当这类人才加入后，我们如何激励他们？我们该怎么理解他们，给予他们表达自我的机会？这些都是我们在设计了流程、工具和组织之后，甚至在设计之前，需要关注的有关创新的巨大挑战。

大企业具备扎实、成熟、近乎科学的工作流程来吸纳人才，在公司内部培养人才，并让他们成长为未来领导者和首席执行官。但是，纵观历史，我们都是依靠分析与理性思维能力，而非凭借创造力、直觉、展望和想象来主导这些流程。出于这种原因，这些组织在尝试制定创新战略时，往往会陷入一种错觉，即为领导角色而培养的这批理性思维者，如今同样能够成功应对全新的创新挑战。

在这种文化背景下，我们也越来越清楚地明白，许多组织更愿意专注于讨论技术流程和工具，而不是讨论和审查团队成员的重要软技能，包括想象力、乐观态度、求知心、思维敏捷性等。因此，无论创新过程多么可靠，这些组织到最后都未曾讨论过那些真正决定创新成功与否的因素。

在接下来的篇幅里，我将讨论以下内容：人类是无价之宝，是推动真正的、有意义的创新的最重要的资产。到目前为止，已经提及了我们就是创新本身，即我们最终需要以人类为中心。现在，我想要转换视角来研究创新者——推动创新的人类。

在这部分，我并不是想要确立绝对、不容置疑的真理。我既没有雄心壮志，也没有傲慢到做这件事。我只是想跟你分享对我有用的东西，并且希望这些经验能够帮助与激励到开始走上创新之路的其他人。他们明白了工具、数据和流程的重要性，但可能还不足以支撑其创新；他们知道一切以人为本，最终落实到人类本身，从人到人，形成一个良性循环。

寻找独角兽

2002 年 7 月，我加入了 3M 公司。仅仅几个月后，我开始在米兰组建第一个核心设计团队。2005 年，我们开始在明尼苏达州的圣保罗组建团队。2009 年，我们一边继续壮大意大利与美国的团队，一边准备在上海和东京组建新的团队。就在那时，我意识到我们面临着一个日益紧迫的问题。我尽我所能，寻找最合适的人才。我也给人力资源团队下达了一系列精准的招聘要求，告诉了他们所找人才必备的各种技术能力。后来，我又提出了一些涉及候选人思维和态度的一般性建议，并将这些建议跟上述要求整合在一起。我们还会聘用外部招聘人员，包括一些设计界内最知名的专家和行业内最杰出的猎头。这些猎头跟我们自己的人力资源团队都在寻找设计师，不停浏览简历，面试人选，然后将他们推荐给我。多年来，我发现自己浏览了上千门课程和项目组合。一旦我确定了最佳人选，我就进行了上百次面试。我面试的人至少在名义上都展现了全部正确的标准。

通过遵循这种结构化与战略化流程，我成功找到了优秀人才。但我也遇到了很多人，他们虽然具备了我所寻找的所有正确技术特征，但缺少了我认为在复杂创新世界里所必需的其他才能。我指的是一系列智力与情感上的"软技能"，这是连续创新者的内在本质，即一种思维、感觉与行动方式。在我的职业生涯中，我发现这些软技能是驾驭复杂商业世界的基础，这其中包括强大而又微妙的想象力与创造力。我发现，那些取得非凡成就的人无论在个人生活还是职业生涯中都具备这些特质，但那些一路磕磕绊绊的人却没有。多年来，我聘用了很多具备这些特质的优秀人才，也聘用了很多不具备这些特质的专业人士。可是这些评估错误也是自然学习曲线的一环，是内在复杂的招聘流程的重要组成部分。通过对比，这些错误帮助我更深入地了解理想创新者需要具备的关键特征。

2009 年，随着全球团队的不断壮大，我们加快了招聘速度。我意识到我们该简化招聘过程中各种低效率的工作了。多年来，我学会了向我们的人才招聘团队和外部招聘人员提供越来越详细的指示，包括岗位需要的技术技能、情感与智力上的软技能，但这种方式还不够有效。我发现，整个招聘过程存在一个主要问题——我聘用的不仅仅是简单的设计师。也就是说，我需要聘用那些专业人士，他们受过专业培训，能够想象、设计与创造产品、品牌和体验。我想要招聘到更加多元化的人才，加入 3M 公司以及后来加入百事公司的设计团队。这个职位是建立在设计学科这个基本支柱之上的，但后来又拓展到一些之前我很少探索的领域。对一些行业来说，设计之前并非是它们的主要竞争优势。那么，至少在百事这样的复杂公司与上述类型的行业里，人们并不会就挖掘新领域的人才达成一致。

首先，我们需要设计师对整个学科进行全面了解，包括所有的专业分支，从图形到产品设计，到数字与体验设计，再到战略等。这意味着这个职位与传统设计要求的高度专业化相矛盾。

其次，我们同等看待设计与创新，并将这两个术语视为同义词，即设计和创新都需要设计团队的领导者具有非常独特的思维心态。这种思维心态在很多设计类大学中普遍存在，但是并没有明确传授给学生，或形式上纳入特定的教育路径。因此，并不是所有的设计师都具备这种思维心态。

最后，我们引入了一种全新的工作方式，要求设计师不仅能够完成设计工作，还能够解释工作价值，让其他领域（主要是商业与研发）的人们易于理解。设计师还需要用这些领域的人听得懂的语言去跟他们交流。

因此，我们需要的是能在还未完全准备好迎接他们的体系中灵活工作的人。他们能够跨越每个障碍，积极主动、富有同理心地进入流程，展开对话。我们不仅要进行产品与品牌创新，还需要进行组织与文化创新，这是一个更大、更全面的项目，规模超过了所有项目，在某种程度上，它涵盖了所有其他项目。要想实现这些创新，设计师就必须非常独特，具备一切非凡特征。关键词是"非凡"。非凡不该是例外，而是起点。

为了更清楚地了解这一切，我决定起草一份品质清单，列出我认为在这种复杂环境中找到突破口所不可或缺的全部品质。然后，我把这份清单分享给了人力资源部门。2009 年，我进行了大量的思考。后来，我基于此在《设计管理协会评我们正在迈入一个全新的世界，变化前所未有，创新势在必行。不创新就没有出路：要么创新，要么被别人取代。

论》（*Design Management Institute Review*）杂志上撰写了两篇文章，也在世界各地会议的无数次演讲中反复提起这些内容。我之所以选择公开发表与谈论，主要有两个目的：一方面，我想要制作一份文件，与共事的招聘人员高效共享，并保证标准一致。这就是一份官方宣言，说明了我想在设计师身上找到的思维心态。另一方面，我想要把所需人才的情况分享给全世界。这样一来，那些想要加入我们团队的人就会把这份宣言视作一面镜子，评估自己是否适合接受这份挑战。

后来，这份清单成为一份鲜活的文件：多年来，它基本没有什么变化，但在形式与基调上有所改进，并根据行业经验进行了重要补充。在本书中，这些内容有了生命，以这种原始、未经发表的方式，通过书中的分析与思考过程，再次启迪人们。这是我考虑聘用设计师时起草的一份清单，但它也完全适用于任何文化或专业背景的创新者。无论你是来自市场营销、金融、医学、法律、通信、音乐、体育或其他任何你想要创新的领域，还是想对自己的生活进行创新，都可以利用这份清单。事实上，这份清单的灵感源自给我未来出生的孩子。我希望这份清单可以作为指南针，给他们的生活与工作指明方向。

毫无疑问，多年来我一直面临着一项巨大的挑战，那就是很难找到具备所有这些特征（即理想创新者具备的关键特征）的人才。随着时间的推移，月复一月，年复一年，当我发现自己拒绝了招聘人员发来的数十份简历时，我就意识到了这件事。这些人技术过关，但缺乏一系列的其他才能。

几年前，我曾跟百事公司的一些团队成员讨论过这个难题：我们提出的要求过高了吗？我们的野心太大了吗？难道我们要找的这种人压根就不存在吗？我们得出的结论是，或许这样的人真的不存在。但无论如何，我们都不会停止寻找他！从那时起，我们便将这些人称为"独角兽"。我们在用想象、雄心和远见所织的网来追寻他们。我们永远不会停歇，直到数百位独角兽加入我们公司，加入我们的梦想大军。

我们可以学习如何成为独角兽

随着时间的推移，我意识到这份清单不仅是寻找人才的基础，还是官方的过滤器，用来审视和评估那些我们正在考虑的候选人。此外，它还是一个非常精准的工具，可以在其他各个领域加以利用。

首先，这份清单中汇集了我们所有人渴望拥有的技能、目标和核心要素，每个人都可以为之努力。它就像一个指南针，让个人和团队变得越来越好。

其次，这份清单也是我们团队指导与培养人才的一个参考。它对每个人都有用，特别是具有很大潜力的年轻人，他们就像"原材料"一样，可以按照理想的方式加以塑造，从而成就最好的自己，发展成未来的完美领导者。

在这个过程中，我们还意识到，这些独角兽具备的才能并不是与生俱来的。很多技能可以后期培养、发展、教育以及放大。接下来，我们还会继续深入讨论这个话题。不过，我们还是先来定义下独角兽所需的关键技能吧。

独角兽的技能

我把独角兽具备的技能划分为三类：

创业天赋

- 独角兽是梦想家、实验家、实干家。

- 独角兽是原创者，具有独特视角。

- 独角兽直觉敏锐，善于分析。

- 独角兽积极主动，善于寻找根本原因，愿意加倍努力。

- 独角兽站在潮流之上，最终将引领潮流。

- 独角兽是懂得关爱他人的人。

- 独角兽愿意承担风险，做事谨慎。

- 独角兽是美学家，审美水平高。

- 独角兽是有全局意识的设计师。

- 独角兽既懂商业又懂技术。

社交天赋

- 独角兽为人善良、真诚，值得信赖。

- 独角兽热爱多样化。

- 独角兽具有同理心，情商较高。

- 独角兽是多语种管弦乐队的指挥，能够辩证地统筹协调。

- 独角兽懂得尊重他人。

- 独角兽是富有魅力的故事讲述者。

- 独角兽是慷慨的导师。

- 独角兽不会太严肃，懂得如何创造轻松愉悦的氛围。

赋能天赋

- 独角兽好奇心强。

- 独角兽为人谦虚，做事自信，具有自知之明。

- 独角兽是贴心听众，但决策果断，行动迅速。

- 独角兽开朗乐观，坚韧不拔。

- 独角兽能够轻松适应不安的环境。

- 独角兽是变革的推动者。

让我们逐一了解这些特征。

创业的精髓：独角兽思维与创新实践

小到单一的创新项目，大到整个商业战略，这些特质共同塑造了我们管理一系列创新要素和流程的方式。

独角兽是梦想家、实验家、实干家

独角兽深谋远虑，具有远见卓识和伟大梦想。他们用好奇、探索的眼光看待世界，有能力洞察微弱的市场信号，不断解决各种"棘手问题"，通过演绎推理，尽可能地合理假设，构想出更加美好的世界。他们能够本着对公司、自身、特定团体或整个社会有益的原则，设想未来，并为实现愿景而制定绝佳的发展路线。独角兽敢于实验，不断学习和建设自我。他们总是能够跟随梦想的指引，灵活应对各种情况，根据所学的知识与经验调整路线。究其原因，他们可以完美平衡理想与现实、愿景与执行。

创新者之所以如此罕见，正是因为他们具备这种平衡能力。大多数人只能够梦想未来，却难于付诸实践，因此，这些梦想也就只是纸上谈兵，仅此而已。这不禁令人悲叹。不知有多少人，终其一生，都梦想着可以获得一款更优质的产品，享受更舒适的服务，找到一份更理想的工作，收获一段美好的关系，却从未尝试，止于梦想。他们不会加以实验，坚守计划。他们在梦想中麻痹自我，在执行关头退缩不前，安于现状，饱受折磨，故步自封。梦想轻而易举，成真谈何容易。

你想想看，我们经常在社交媒体上看到伟大的梦想家发起各种创新项目，紧接着，数十人开始踊跃评论，加以祝贺。这些人才不会错失任何机会来提醒世界——他们早在几年前就提出了这种想法，或者，只是最近才向某一家显然没有参透其中奥秘的公司提出同样的理念。这种公司简直毫无远见，愚昧无知！可是，情况真是这样吗？十有八九，事实并非如此。

创新者与梦想者的最大区别在于，虽然他们都拥有梦想，但创新者有能力将其实现，而梦想者无法跨越梦境界限或打破固有理念。重申一下：梦想轻而易举，成真谈何容易。在商业与科学的世界里，即便梦想、想法或发现切实可行，但倘若没有实现，它仍然只是一种想法、理念或者发现。创新意味着将想法转变为切实可行的解决方案。解决方案必须跟大众生活相关，并获得认可。因为只有它实用有益，人们才会购买。在这个星球上，梦想家数十亿计，而创新者却寥寥无几。太多的人由于不思进取、担惊受怕、能力不足、安于现状，或单单觉得他们的梦想可望而不可即，而无法实现梦想。有时，人们所追寻的那种唯一真正的快乐只来源于做梦这一简单的行为本身，而不祈求任何结果。

另外，很多人是优秀的实干家——他们知道实现梦想的方式，却缺少远见卓识。他们如果得到正确的指示，就能付诸实践，成就伟大。可是，他们还需要梦想家的加持。因此，梦想家为了实现伟大愿景，常常跟实干家达成合作。这就是很多伟大商业合作伙伴关系的原型，即由一位具有远见卓识的思想家和一位求真务实、从企业层面开展工作的经营家组成，再或者，由一位创意设计师和一位项目层的技术支持人员组成。这种在想象力与执行力之间实现完美平衡的能力正是创新的转折点。

创新者设想新颖独特、令人惊喜的房屋形式，本着可行的基准，开始一砖一瓦地搭建，挑战物理定律，突破常规，追求未知，在完美平衡之间，改变可实现的障碍，重新定义技术可行性与美学合理性这两个概念的已知与共享边界。创新者是高迪（Gaudí）——他建造了位于西班牙巴塞罗那的巴特罗之家（Casa Batlló），造型梦幻，充满童话气息；创新者是弗兰克·盖里（Frank Gehry）——他建造了位于西班牙毕尔巴鄂的古根海姆博物馆（Guggenheim Museum），外形像波浪；创新者是拉斐尔·维尼奥利（Rafael Viñoli）——他建造了位于纽约公园大道 432 号的摩天大楼，造型极具挑战性，打破了众多工程规则的限制；创新者是比雅克·英格斯（Bjarke Ingels）——他建造了一座位于纽约西街 57 号的金字塔式高层建筑，重新定义了曼哈顿的天际线。他们都是专业建筑师，通过设计建筑，在实现自身梦想的同时，不断重塑着设计典范。

纵观人生，太多人都在建造自己的房屋，可是，他们既没有任何梦想，也不曾有过个人计划，只是一味地遵循他人制定的标准，一砖一瓦，排排堆叠，循规蹈矩，搭建起常规房屋。所有的一切别无二致，没有创新。

加入 3M 公司时，我怀揣一个梦想：我想要有所作为，发挥我的影响力。我希望影响公司，发展公司的创新方式，采取全新的设计方法与战略，即完全以人为本的典型设计思维。当时，我 27 岁，在这家"美国"公司的最边缘地带——米兰，从事着设计工作。在第一次年度绩效考核中，管理层评估了我在过去一年里的工作，并询问了我对自己未来的想法。我说道，在我的设想中，我会在未来领导整个跨国公司开展以设计驱动的创新工作。当时，我还未晋升为高管，只是担任中层职位，负责欧洲消费市场的相关工作，而整个公司共存在六大业务线，销售遍及全球五大区域的 200 多个国家，员工高达近 9 万名。

现在看来，那时很多人并没有认真看待我的梦想，他们馈之嘲讽，或许出于喜爱，认为我这个年轻人异想天开，略带理想主义，又或许出于不屑，觉得我这个初出茅庐的员工傲慢无礼，自以为是。有太多的人从一开始就不相信我的梦想。倘若让我一一数清，我估计到现在还没数完。可是，这个梦想年复一年、一次又一次地出现在我的绩效评估中，以白纸黑字的形式正式说明，日渐清晰。那是一个梦想。根据定义，梦想本质上是天真幼稚的，否则，那就根本不叫梦想。

我的梦想既不是成为公司的首席设计官，也不是大获成功，赚得盆满钵满。我的梦想是通过自己的想法和行动，作为设计师，利用我深爱的设计平台，产出一些可以永垂不朽的东西，为公司乃至社会创造价值，这些东西远比我本人要伟大得多。这个梦想渐渐转变为一个远大愿景，进而成为一个真实的计划。于是，我开始执行这个计划，一步一个脚印地试验，一砖一瓦地踏实落地，从错误中学习，从成功中获益。在我的心中，我早已搭建了属于自己的巴特罗之家，而非米兰郊区那一排排平庸无奇的房屋。

转眼间，十年时光飞逝，儿时的第一个梦想已成真。于是，我离开了 3M 公司。当时，我已是首席设计官，我从零开始构建了一个新的部门，在米兰、圣保罗、上海和东京成立了设计中心，并在市场上推出了数百个创新项目。最重要的是，我给公司留下了一份宝贵的财产，待我离开后，其他设计师和商业领袖可以继续投资和发展。这个过程并不容易，梦想轻而易举，成真谈何容易。这可能就是很多人喜欢梦想而不愿行动的原因。

这是我取得的最大成功——为以后的持续发展奠定了基础。如果我一离开 3M 公司，设计工作就陷入崩溃，那我真是一败涂地了。当时的我未满 30 岁，怀着天真梦想和雄心壮志，开始了这一切。从那时起，我发现，我每次跟那些刚踏上旅程的年轻人交谈时，都会想起一个我很久前就明白的重要真理：志存高远，大胆逐梦——常怀鸿鹄之志！如果连梦想都没有，谈什么梦想成真！有梦想，更要有行动！

所有改变世界的伟大创新都始于梦想，并在不断的试验和执行中壮大发展。

独角兽是原创者，具有独特视角

一个世纪前，奥斯卡·王尔德曾说过："你就做你自己吧，其他角色都已经有人了。"我们每个人都在路上，在漫漫人生旅程中，探索着自己的身份，寻求自己在世界的位置，追寻人生的本质。事实上，这种探索是一个内省的过程，让我们在整个人生道路上不断发展成熟。我们就像米开朗琪罗的未完成的雕像《奴隶》（*Prisoners*）一样，他完全处于紧张状态，试图挣脱大理石石块的束缚，得到解放。我们从粗糙的石头中诞生，利用经验、观察和反思构成的生命之凿，开始移除材料，重塑形象。然后，我们开始一步步地成形，逐渐丰富并完善自己的形象。可是，人生就是一个无限定义自己的过程。我们始于天然大理石，逝于近乎完美的自己。我们之中总有一些人比其他人更积极主动，他们敢于承担更大的责任，追求更加完美的形式，向往着更强大的自主意识，带着美好永恒的渴求来成就更好的自己。

在整个人生旅程中，我们被数十亿其他"未完成"的个人所包围：他们跟我们共享着这个星球。我们研究他们，分析他们；他们给我们提供灵感。因为，在成就自我的过程中，我们要借鉴其他人的形式以做参考、范例和衡量标准。的确，为了定义自己，我们需要借助参考来提供衡量标准。

然而，有些时候，我们中的一些人决定跳脱参数限制，发挥无限灵感，赋予其他未完成个体别样角色，把他们变为深受崇拜的现代圣人，令人欢颂的人物，竞相效仿的雕像。这些未完成个体是我们的朋友、社会影响者、名人、同事等，我们把他们捧上神坛，试图成为他们。他们的观点、行为和思想都变成了我们盲目效仿的典范。在某些情况下，我们一些人还决定把自己的生命之凿赠给身边的艺术家，还有那些未完成的个体。毕竟，他们还在不断雕刻着自己。这些未完成个体可能是我们的父母、朋友或老板，如果我们给予了他们这种角色和权力，我们就会按照他们的想法、期待和欲望雕琢成形。

在我们的一生中，有多少人不堪社会期望的重压，早早做出了选择？我们甚至可能在很多非常重要的人生时刻听从了他人的选择，例如在这个世界上的生存方式、结婚对象、从事的职业等。当然，我们或许在一些日常事务上也选择了这样做，例如在会议上的回答、参加活动的着装、晚餐饮食、既定项目的计划等。

1951 年，心理学家所罗门·阿希（Solomon Asch）用一项载入史册的实验证明了社会压力的潜在作用。在一系列测试中，他让 8 个受试者（包括 7 个助手）待在一个房间里，让他们进行一项据说很简单的视觉辨别练习。首先，他给受试者看了两张卡片。第一张卡片上有一条特定长度的线，第二张卡片上有三条不同长度的线。他要求受试者确定第二张卡片上的哪条线与第一张卡片上的线长度相同。他率先询问了助手，他们一个接一个地回答，总体来说，答案均是错误的，毫无意义，可是他们都同意对方的观点。最终轮到真正的受试者回答时，在这种情况下，他们也做出了错误的回答。尽管正确答案非常明显，受试者完全知道他们说的是错误答案，但他们还是这么回答了。只有很小部分受试者经受住了群体压力，坚持了自己最初的观点。

换句话说，试图跟我们所在的群体保持一致是一种本能。这让我们倍感安全，有所慰藉。拒绝随大溜反倒是不正常的做法。可是，当我们形成自己独特、新颖的观点时，身边人应该只以此参考。我们越发敲凿自己出生的石头，就越可能达成一件独特的艺术品——特征清晰、形式独特、不可比拟且非同寻常。难道我们更愿意成为千篇一律的雕像，成为芸芸众生中的一员，在漫漫旅程中墨守成规，遵从人们的期望？我们通过不断观察，及时反思和积极对话，来构建自己的生活，并在不断积累中，形成自己的数据、信息、情感、直觉和经验。因此，我们要基于这些数据、信息、情感、直觉和经验，保持意志清醒，培养自己对世界的独到见解，让我们一起努力！

让我们保持热情，积极探索这些仍未被定义和探索的领域吧！在这些领域，各种潮流趋势不断交汇、碰撞和重叠，现代社会的标准典范开始颠覆，与意想不到的、不同寻常的和与众不同的事物相遇汇聚。用亚里士多德的方式将潜力转变为行动。米开朗琪罗的作品《奴隶》就是如此，是关于这种转变的有力隐喻。真正的创新总是源自那些有独特见解的人：他们利用与众不同的眼光看待世界，能够采取前所未有的姿态，无所畏惧，心态放松，懂得尊重。

独角兽直觉敏锐，善于分析

独角兽不会逃避直觉的神奇魔力。他们认识到，那些明显可知的想法往往根植于内心深处，在胆量的滋润下萌芽，迸发出神秘的火花，发挥着神奇的作用。他们明白直觉对于创新之旅的重要意义。他们推崇即时认知，相信直觉。在商界，由于受到数据、算法和流程的制约，直觉往往被搁置一旁。直觉没有机会占据先机，而是被淹没在数字、数据的重压之下，人们畏惧任何看似有风险的事物，以及任何主观泛化的东西。创新者可以利用直觉，分辨机会，他们也知道如何通过分析来解构这些直觉和机会，使其适应商界的节奏，并利用体系和流程让其实际可用。

17世纪，荷兰哲学家斯宾诺莎参与了始于亚里士多德的千年辩论，区分了"直觉知识"（拉丁语：*scientia intuitiva*）和"理性"（拉丁语：*ratio*）。理性让你无法轻易掌握事物的统一性，相反，它旨在让你掌握事物的多样性，使之有序排列；但直觉知识必须在多样性中识别事物的统一性。直觉知识相较于理性的优越性恰恰在于，直觉知识能够通过"直觉"的洞察力（来自拉丁语 *intueor*，意为"看"），全面感知世界，而不会忽略构成世界的无限差异。事实上，斯宾诺莎认为，直觉知识不仅能以极快的速度，而且可以几乎毫无意识地进行推理，但用理性完成推理过程就相当费力了。可是，无论我们的大脑如何得出结论，这两种能力都存在极大的区别。一种是即时的、迅速的、本能的、难以解释的，另一种是通过清晰可见的、可供分享的推论过程组织和构建起来的。在当今商界，辩证推理显然占据了重要地位。究其原因，辩证推理让人建立正确的因果关系，通过演讲和讨论进行推理。显而易见，每个人都能通过这种方式清楚理解事物。相反，人们认为直觉知识——至少斯宾诺莎还使用这个术语——不可捉摸，充满主观色彩，难以解读，因此存在一定风险。

后来，爱因斯坦用一种极其清晰和客观的视角看待整个世界。他表示"直觉思维是神圣的恩赐，而理性思维是其忠实的仆人。"可是，我们当今的社会推崇尊重理性，却忘却了直觉的重要性。我们需要通过创新给予直觉一些空间。究其原因，意想不到的愿景往往来自直觉，这些愿景可以引导人们纵观全局，并抓住机遇。而在理性的讨论过程中，人们往往会错失这些机遇。

正如斯宾诺莎让我们所见的那样，直觉既不是一种偶然发生的情绪化的行为，也不是一种令人恐惧的神秘变量，更不是理性这一干净画布上的肮脏印记。直觉是一个纵观全局、行动快速的推论过程。在商界，我们需要在直觉与理性分析之间找到一个完美平衡，这既是一个巨大的挑战，同样也是一个巨大的机遇。以辩证推理为支撑的分析可通过以下两种方式强化直觉在创新过程中的作用：第一，用来定义直觉可以表达的领域；第二，作为一种工具，来破译和理解直觉所提供的洞察力。

我在百事公司工作期间，能够在公司战略业务框架范围内利用直觉处理工作，完成手头项目的财务分析。例如，我能够发散直觉，应对食品与饮料领域，寻找更加健康与可持续发展的产品。虽然分析定义了行动领域，可是随后我可以在该领域内不受限制地迸发创造力。事实上，我必须在这些限制内保护直觉，让其免受任何企业系统特征的影响。毕竟，系统可能很难认同那些未经证实的假设、天才的灵光一现以及未经推理得出的愿景。但是，为直觉提供空间是绝对必要的。

一旦你依靠直觉制定了假设，那你还需要再次应用分析过程来验证假设。你能够以用户合意性、技术可能性和商业可行性为镜，看透事物，过滤信息，而且，你还可以依靠直觉来实现这三个维度。针对用户合意性，利用直觉确定尚待解决的用户需求；针对技术可能性，凭借直觉发明全新技术；针对商业可行性，释放直觉创造一种迄今为止未被探索过的商业模式。一旦我在其中任意领域拥有了直觉，我就必须通过结构化分析，将直觉跟其他变量重新关联，创造因果联系。在这个过程中，你可能会产生其他直觉，分享其他假设。同样，你还可以在直觉与分析、原型与验证、分歧和融合的完美平衡道路上不断前进，逐渐完善创意，将其转化成产品。

脱离直觉的分析

多年来，我遇到过很多被指派到创新项目工作却缺乏直觉天赋的人。他们在分析问题、完成复杂的论述推理方面非常出色，而且可以熟练使用 PowerPoint、Excel 等软件演示内容，令人信服。这些都涵盖了丰富数据、复杂的流程以及无懈可击的逻辑。他们通常采用结构化、学术化的方法进行工作，因此听起来扎实可信。可是，他们缺少了直觉这种神奇的火花，止于表面，只看逻辑，毫无灵魂可言。他们的分析就像是一个简单明了的数学公式，总是提供相同的解决方案；也像是一副画像，但缺少了所有必要的艺术维度，无法将解决方案打造成艺术品。可是，我们之所以赞扬这样的分析师，是因为我们理解他们：他们的推理易于理解、便于分享。最后我们做出了成果，却没有大获成功。毕竟，这些解决方案还不够创新，人们无法接受它们。可是在那个时候，其中大多数领导者早已离职，他们的事业蒸蒸日上，却将责任归咎于其他变量、个人和标准。

脱离分析的直觉

多年来，我还见过一些创新者，他们全靠直觉工作，不做任何分析。他们能在大脑中构思出不可思议的点子，源源不断地产生愿景，创造机会。可是，他们缺乏必要的分析来将这些愿景具象化，进而解读愿景，分享愿景，变现愿景。当我的团队具有这样的人才时，我通常会利用分析工具和恰当的语言来帮助他们进行创新。当然，成果非常显著。如果你的智力正常，你就可以学习分析、结构和语言，可是，直觉无法轻易学习。在创新世界里，缺少了直觉，你无所适从。直觉与分析缺一不可。此外，真正的创新者，即独角兽，就算面对直觉与分析的冲突，也能泰然自若，并本能地解决冲突，这是他们的本性。

独角兽积极主动，善于寻找根本原因，愿意加倍努力

独角兽不期望收到任何简报、任务或需求。他们会自己撰写简报，寻找任务，制定需求。我们一生中收到的大多数简报、任务和需求，尤其是我们作为创新者还尚未出名时，通常关注的是稳定的现状基础，以及那些被公认为合理可行的东西。如果我们没有质疑这样的需求，他们就会继续保持现状，提出相应的解决方案。另外，创新者还总是试图率先找出产生简报的根本原因。

如果你被要求建造一座桥梁，请先试着理解其中的真实需求。例如，如果用户需要的是一条从 A 地移动到 B 地的道

路，同时克服一些障碍物，你就应该试着理解该需求的真实必要性，或许用户无须离开 A 地也能解决问题！如果该需求真的有必要，那么你就要思考，建造一座桥梁是否足以满足用户需求。任何专业人士都能设计一座桥梁，满足简报的要求。他们或许会设计出一个精美漂亮的结构，并附带一些独特巧妙的功能，可是，他们唯一能创造的就是一座桥梁。即便最终经过证明，这座桥梁并非满足首要需求的最佳解决方案，他们依然建设一座桥梁。但是，创新者能发明弹射器、直升机、船只或其他一些闻所未闻的交通工具，让人们可以高效、安全、快速和舒适地从 A 地到 B 地。创新者不断革新。亨利·福特有句名言："每当我询问用户需要什么，他们总是会说需要跑得更快的马。"其实，亨利·福特压根没有思考过这个问题。他直接给人们提供了汽车。

创新者积极主动探索，不拘泥于简报，而是调查根本原因，重新定义基本问题，从不指望其他人要求他们这么做。创新者不会盲目执行手头上被分配的任务。在我的设计团队里，我最看重主动性和积极性这两种特质。我权衡这些共同特质，逐一筛选合作伙伴。对于我本人和我的团队来说，在公司里采取这种方法至关重要，因为我们的任务就是发现以往未曾考虑的机遇，把以前认为不可能的事变成实际可行的事，更大程度地拓宽可能性的定义，超越看似合理的极限。

在我的整个职业生涯中，我从未墨守成规，也不会在别人强加给我的界限或期望下按部就班地开展工作。即便会酿成错误，我也从未保守以待。在这段旅程中存在两个节点事件：加入 3M 公司，以及后来跳槽到百事公司。当我还是刚步入社会的毛头小子时，意大利 3M 公司雇用了我，并给我安排了明确的工作：管理欧洲消费者及办公业务的设计工作。可是，我加入公司后，产生了截然不同的职业想法。我想在公司内引入一种全新的设计文化，并在全球范围内推广这种创新方式。这就是我的个人简报。我的动机源于以下理解：公司的欧洲业务存在"设计问题"，其根本原因不在于某位设计师的无能，毕竟，在我加入公司之前，他可能就负责过产品组合的设计工作了。真正的问题在于，公司缺乏设计文化。在美国总部，如果设计文化还没有融入公司的基因，那我永远也无法在当地市场推出一个又一个创新项目，并取得丰硕的成果。因此，从我加入公司的第一天起，尽管大多数同事和主管都没有立即将这些要素相互关联起来，但我一直致力于对公司的创新文化进行深刻变革。从表面上看，我只是在处理分配给我和团队的项目，可是，才过了几年，成果就已经非常显著清晰地呈现在大众面前。

我来到百事公司后，负责提升设计师的角色地位，把设计工作从简单包装变为品牌体验，并在纽约管理一个 12 人的设计团队。如今，我们在世界各地组建了数十支设计团队，吸纳了成千上万名创意人才。我们的设计任务全面多元，包罗万象，从品牌到产品，从沟通到体验，从战略到创新等，这就是我给自己和设计团队的角色定位。我接受了 3M 公司和百事公司给我制定的简报，并完全重新诠释了内容。我并不希望单纯针对预先制定的简报制订解决方案，来满足上级的期望，或者仅仅为了实现我的年度目标。在 3M 公司和百事公司工作期间，我想要的是创造一些真正、可持续的价值。这是我对雇用我的人、上司、首席执行官以及公司应负的责任：为公司做些力所能及的事情，为其长远发展做出贡献。在这两家跨国公司工作期间，我都能找到一些合作伙伴，从高层到中层，他们都非常理解这种创新方式的重要价值，并给予我机会将其贯彻到底。可是，如果公司没有基本的积极主动性，丝毫不在乎寻求根本原因，或缺少刨根问底的态度，甚至不愿本着哲学思维进行探索，那么公司如今的设计面貌会跟现在的实际情况会截然不同，说不定它在某个平行世界里可能发展得更好——但毫无疑问，情况肯定会有所不同。

龙嘉德成为百事公司的首席执行官后，跟我们管理团队的所有成员一起制定了一种领导原则，来落实这种创新文化。这种原则就是"以所有者身份行事"，其鼓励公司所有员工无论身兼何职，都可以像公司所有者、业务管理者或品牌负责人一样行事。

这意味着，如果你从事与百事可乐品牌相关的一系列产品工作，你的责任应该远不止完成一项特定项目或者交付一项工作。创新者需要在整个产品生命周期内始终关注产品动态。他们在进行下个项目的同时，还应该出自本能，迫切想要前往商品杂货店看看以往产品的设计原理、展示方式、呈现说明、跟货架上其他产品的互动形式、应对新产品的措施，以及消费者在家庭、餐馆或旅途中的使用情况。

创新所有者是指积极主动的创业型创新者。他们发现自己设计的产品没有在商店大放异彩时会感到些许难过。于是，他们研究用户的沮丧心理，想办法跟销售团队及零售商取得联系，了解产品在销售、购买和使用过程中遇到的问题。或者，他们还会跟市场营销人员沟通，说服他们启动新的项目来力挽狂澜。同样，创新所有者发现商品货架上的产品深受欢迎时，还会分析竞品，发现其他机会。他们会根据这些观察结果，生成其他创新项目。

最后，创新所有者做事井然有序，能够加倍努力，承担更多的责任。对他们来说，项目、品牌或业务至关重要，所以他们不甘平庸，总是想要不断超越，不断突破界限，向前迈进。

例如，想象一下，公司给某人分配的任务是 100%，多迈一步就代表主动将标准提高到 110%、130%、150%，甚至更多。所有其他竞争者都在努力达成 100% 的目标，而创新者会驱动自己超额完成目标。或许，有些人能完成 80% 或者 90% 的任务，还有些人能近乎达成 98% 或 99% 的目标，很少有人能 100% 达标。可是，只有那些达成个人目标的创新者才有资格登顶。

达成 110% 的目标只是一种心态，这是一种让人长远发展的意志，也是一种愿望，即采用完全出乎意料的解决方案和成果让用户惊喜，让听众开心，进而激励投资者、客户和上级，甚至是自己！

大多数时候，这种方法并不需要付出额外的资源、时间或努力，它只需要借助一种截然不同的思维方式，设定超出规范、期望或通常标准的目标。在我经手的每个项目中，我几乎都给自己设定了超乎旁人预期的目标，这是我的工作准则。而且，在大多数情况下，这不需要我额外付出多大的努力。毕竟，这只是一种不同的思维方式而已。

当我接受管理跨国公司的设计工作（仅限于欧洲领域的消费者业务范围）时，我便开始计划将设计文化渗透到位于全球各地的所有公司的所有业务中；当公司告知我以后会组建一支十几人的团队来负责在公司传播设计文化时，我开始思考如何组建几十支百人团队来获得超乎预期的成果；当我收到指示要重新设计一款产品时，我就开始思考如何重塑整个产品系列；当我被指定去负责一个包装项目后，我便开始研究整个品牌的发展路径。显而易见，我总是从根源入手，并不断反思所选道路是否正确。我试着放下个人利益，避免过于宽泛地思考问题。

这并不意味着每次甚至在必要时候，我都能选择立即重新设计整个品牌或者重新构思产品系列。可是，我能够从根源思考问题，随时准备加倍努力。这种能力让我能够用略微不同的方式管理当前项目，朝着不同的目标迈进，并以此为平台，实现更大的愿景。这就是我的常态——日日如此。当你的常态成为他人的反常时，这就会产生不同寻常的结果，然后，你迟早也会取得非凡成果。一切都始于你独特的立场、思维方式和习惯。

独角兽站在潮流之上，最终将引领潮流

独角兽能发自肺腑地深刻理解潮流趋势，毕竟，他们亲身经历了这些潮流。独角兽也是人，他们天生与时俱进。在潮流愈演愈烈之时，他们就凭借直觉抓住了潮流趋势。有时候，他们甚至创造了这种潮流。这在一定程度上是一种天资，然后在另一种本性——好奇心的驱动下，通过不断地倾听、探索、观察和学习，不断培养和放大这种天资。

大众还没有追赶上潮流之时，有些人就能自发地预见世界的需求。就好比朋友们戴了一顶帽子，大众当下欣赏不来，可是几个月后，这顶帽子却出现在了全国各大品牌的橱窗中，成为时尚潮流；或者这群朋友饮用了一杯新型饮料，购买了一款新的电子设备，聆听了一种全新音乐类型，驾驶了一辆新款轿车，或者跟他人分享了一本新书。可是，在此之前，这种饮料、设备、音乐、轿车或者书籍几乎无人问津，并未收获大众喜爱，成为时代潮流。他们是先驱者，对事物发展趋势有非凡的感知。

我喜欢冲浪。冲浪非常有趣，但并不容易。我在冲浪的时候，有时看到冲浪者站在自己的冲浪板上，就算有几十个人围着他们，他们也能先于其他人发现海平面上泛起的浪头。他

们先于他人摆好姿势，转身划水，成为第一个接触浪涛并感受其强大力量的人。他们在划水时，其他人还不明所以，认为他们只是在浪费精力。毕竟，这些人无法清醒认识到浪涛的到来。在图表上，趋势可以用曲线来表示，趋势是一种浪潮。优秀的创新者，是时代的弄潮儿，他们更懂得抢占先机，立于潮头之上！这才是真正的创新，独角兽进行的那种创新。

独角兽是懂得关爱他人的人

世界各地的很多公司都有一个共同的、亘古不变和优先级较高的口号："客户满意度"。我仍然记得很多年前的一天，那时，我在3M公司工作，公司宣布当年目标是"客户满意年"。当时，我自己深刻思考了"满意度"和"客户"这两个词的含义。最后，我得出了一个结论。那就是，真正的创新者其实并不在意客户满意度——真正的创新者在乎的远不止于此，真正的创新者更爱他们的客户！

也许，一些人看来这种说法有些浪漫，另一些人看来这是无稽之谈，甚至荒诞无比。可是，这种想法至关重要，甚至必不可少，具有划时代意义。首先，在将这种想法引入商界或者创新领域之前，请尝试将其应用到你的日常生活中：你想要满足某人时，你会怎么做？你肯定会想方设法地尽全力满足某人的需求，为其寻找具体的解决方案。可是，当你爱上某个人时，无论这个人是你的父母、妻子、丈夫还是孩子，你都会更努力一些，多做一些力所能及的事情，而不是仅限于满足他们的需求。你用出乎意料的方式来爱他们，让他们倍感震惊。这才是独角兽、真正的创新者应该考虑和行动的事情。

真正的创新者是懂得关爱他人的人。他们把用户的期望和需求放在首位，并用这种方式来释放魔力。品牌和科技不断推动和放大这种魔力，然后附带产生非凡的业务成果。当然，我们本身就非常追求成果，也把它们看得很重。可是，对真正的创新者来说，首要之事是创造出与众不同的解决方案。这些解决方案需要与用户密切相关，并给他们带来重要价值。同样，解决方案自发产生，真实存在，不失偏颇，是一种爱的表达——对用户、人类乃至整个社会的爱。

独角兽愿意承担风险，做事谨慎

创新行为就意味着要承担风险。不冒险，无创新。风险通常是指做出的决定可能会产生不良后果，乃至威胁社会稳定、人身安全，以及给我们珍重的人和事造成重大影响。转向创新领域，风险可能存在无数种形式，比如，我们推出一款具有创新功能的产品，却可能没有赢得大众的喜爱，这是一种风险；一款产品的设计可能有些超前，大众无法接受，这也是一种风险；我们无法长期持续应用一种商业模式，这同样也是一种风险。此等情况，比比皆是。

一个或多个变量都存在着很多的不确定性，而这些不确定性正是创新的基础。当所有变量都变得可知可控之时，早就有人想到并实现了。因此，那不算是创新。在创新的过程中，未知是贯穿始终的，因此，创新存在固有风险。每家公司都建立了一系列其他程序来管控风险，削弱其潜在影响。可是，如果你在进行真正的创新，你就不可能完全消除风险。因此，那些忠于创新的企业更倾向于聘用敢于承担风险的人才。

每家公司都具有一定的风险承受能力，这跟其管理团队的承受能力相匹配。公司领导者的风险承受能力越低，公司的风险承受能力也就越低。企业选择规避风险，可归因到相同的因果矩阵：你想要尽可能地将损害资产（包括物质和非物质）的可能性降到最低，也想尽最大努力地兑现与投资者的承诺。风险越大，失败的可能性也就越高。但是，风险常常伴随着更高的回报。

每个人在面临选择时，既会权衡实际利弊，也会考虑潜在利弊。那些天生倾向于冒险的人通常面临两种情况：一直承担已有风险；迎接新的风险。如果现状每况愈下，他们宁愿解决新形势下产生的潜在"痛苦"，也不愿意继续承受当前情况带来的特定痛苦。

举个常见例子：我们很多人可能在生活中都至少经历过一次这种事情，即找到一份新工作。如果我们不满现状——例如，我们得不到老板的赏识或无法认同公司的价值观，就会工作得非常痛苦，再比如，我们不喜欢每天所做的事情——那么，我们很可能选择承担风险，更换工作。新工作可能非常理想，也可能不尽人意。尽管如此，就算新局势仍存在潜在痛苦，但如果那远比当前的实际情况顺意得多，我们就会冒险去寻求改变。正因如此，人们在危急时刻往往更愿意冒险：活在当下也许比忍受新情况中的潜在痛苦还要艰难。

因此，这也是巨大危机与风险往往催生出巨大创新的主要原因。这个道理不只适用于我们的日常生活，也适用于公司、行业乃至整个社会。我们的日常用语中常常蕴含着几个世纪以来的智慧。它告诉我们，只有跌入低谷，才能绝地反击。因此，一旦跌入谷底，人们对风险的感知程度就降低了，甚至直接不复存在了。

相反，如果我们对当前的工作非常满意，但对新工作的潜在晋升感兴趣，那么，决定就会变得复杂无比。我们之所以觉得困难，是因为我们感知到很高的风险，毕竟在当下时刻，我们没有什么痛苦，但在新情况下，我们没法保证不会面临痛苦。在这种情况下，选择了新工作的人是这样想的：由于当前的工作稳定，所以他们错失了很多机会，经受了一些痛苦。同样，新工作也很可能面临失败，让他们倍感痛苦。可是，相比之下，当前的境遇更糟糕。这类人天生喜欢冒险，与其他人相比，他们不怎么害怕失败，因为这类人往往无法忍受现实中的惰性。

对一些人来说，现状让他们心情愉悦和舒畅；而对另一些人来说，现状让他们感到不安与紧张。我属于后者。大多数成功的公司繁荣昌盛，具备较高的效率和赢利能力，可能不太愿意承担风险或追求可能破坏其当前成功的创新。相比之下，危机中的公司面临倒闭的风险，因此，这些公司为了生存，更愿意采取激进手段，冒险进行变革与创新。

创新者是热爱冒险的人，他们能够凭借直觉，不断进步与改变。可是，他们同样知道如何利用智慧来管控风险。他们并不是赌徒。他们不由自主地倾向于开展极具影响力的创新，所以，他们倾向于冒险。然而，他们会制订计划与策略管理创新，敏锐地评估所有变量。

创新者勇于攀登无人攀登过的山峰，以及那些让人望而生畏的山峰。他们会利用保护背带、安全网，研究每一块岩石和通道，准备舒适的鞋子和防滑手套。创新者有勇气、有毅力、有决心攀登那座山峰，但攀登之路充满艰难险阻，很多人甚至都没有这种勇气、毅力和决心。但是，他们同样小心谨慎。愿意冒险并不意味着盲目冒险，你需要保持明智，不断前进，也就是说，你需要在头脑中制订好计划，评估失败的潜在可能性，设想其影响，做好准备应对失败和结果。你必须做好准备面对失败，因为从统计学来讲，你在冒险时，迟早会因为一些风险惨遭失败。而且，你真正失败后，需要获得智力、精神和情感上的支持，重新振作起来。可是，如果你明智地承担风险，迟早会有所成就。最终，平衡好成败就会迎来积极结局。

这就是为什么对于那些热衷创新的企业来说，培养这样一种文化是至关重要的：就算预期风险酿成了错误，公司也不会推崇惩罚。你需要的是能够接受、管控和赞美风险的企业文化，有意识承担风险的人才，给予员工自由和机会放手去做的管理制度，不会因为犯错就一棒子打死的工作环境，以及一系列健全的工作流程。伟大的首席执行官是称职的领导者，他们知道管控风险以及创造企业文化的正确方法。我曾经跟很多首席执行官共事过，包括 3M 公司的乔治·巴克利（George Buckley），百事公司的卢英德、龙嘉德等。他们都用不同的方式向大众证明了他们对创新原则的深刻理解。正是因为这种能力，我自己也迅速地得到了成长，设计团队也真真切切地履行了独特使命，促进了组织发展。

如果你也希望在自己的公司里重建这种创新文化，我建议你用科学的研究视角看待创新。科学家们心知肚明，要想实现任何发明和创新，就需要进行成千上万次实验。企业的问题在于，他们在创新过程中误解了这些实验。科学称之为实验，企业称之为错误。这又是一个术语问题。特定词语不断反映并放大特定文化。试想一下，有人告知一位科学家："找到治癌之法。你只有六个月的时间。请高效地实验，不要出现任何差错。"金融算法与企业文化一点都不喜欢实验，可能经常将其理解为错误，可是，事实上，缺少了实验，你永远无法创造出任何独特的事物。为了实现创新，每个企业都需要考虑其商业模式中存在的实验风险，制定一系列流程和体系，从这些错误中吸取经验，形成独特见解，以免重蹈覆辙。此外，企业还需要在未来的创新过程中重点考虑这些错误，来创造出更加智能化、可持续和可靠的成果。

独角兽是美学家，审美水平高

独角兽审美水平高，他们了解美的价值，知道如何采用优雅的方式制造美。直观感受与智力理解构成了这种天赋，它们相辅相成，不可或缺。

直观感受

欣赏美意味着发现美、享受美、赞扬美、让自己沉溺于美。你可以从人们为自己选择的物品中看到这一点，从一支笔到一辆车，从穿着方式到家庭、办公室的装修风格，再到人们对细节的关注，无不渗透着他们的审美。他们不断规划着自己的愿景，并给其赋予了整体或特定的非凡意义。他们选择的具体风格并不重要，重要的是他们的选择总是忠于自己的原创观点。很多人压根不具备这种能力，或者说，无法将美传达出来。你可能会这样形容他们："缺乏（审美）品位"。

我们天生对美的事物缺乏抵抗力。我们可以将这种本能划分为三类：生物的、普遍的、客观的；历史的、文化的、相对的；个人的、主观的。自然美——例如风景、小狗、日出等——人们对这种美的欣赏是普遍存在、亘古不变、息息相通的。然而，人造美——即人类创造的东西，例如衣服、建筑、工艺品、产品、包装等——人们对这种美的欣赏各不相同，主要分为两种类型：第一，情有独钟；第二，因文化背景和个人感受而异。

　　纵观历史，无论是百年前还是当今时代，来自不同背景的人都会不约而同地被非洲草原的日落之美深深折服。但是，人造产物却存在争议。例如，1956 年，人类建造了悉尼歌剧院，这在当时引发了激烈争论。如今，我们却将悉尼歌剧院视为澳大利亚最为宏伟与最具代表性的建筑。在那个年代，世界还没有做好准备，迎接这种全新之美。毕竟，当时澳大利亚的审美文化在很多方面上都跟欧洲文化，特别是丹麦建筑师约恩·伍重（Jørn Utzon）追求的斯堪的纳维亚文化截然不同。人们普遍接受自然美，也会随着历史、社会、文化的发展不断改变对其他一些美的看法。

　　在相同的历史、社会和文化背景下，个人品位不同，人们对美的欣赏也不同。想象一下，两个背景相同、品位不同的人面对同一款产品时的场景。或许，我们可以这样想，一个人品位极高，而另一个人品位极差，他们需要评价面前同一款知名品牌——曲奇设计的包装。品位好的那个人会明白其中意图，然后说这款包装"丑陋"，即让人不悦，比例失调，不够吸引人，甚至有些俗气，就像评论家吉洛·多夫莱斯（Gillo Dorfles）对"丑陋"的定义一样。另一个品位差的人可能根本不会意识到这一点。

　　你可能会问，到底谁能判定这种包装是丑陋的。我们可以使用一系列普遍通用的准则，就像几千年前哲学家定义的那样，如毕达哥拉斯的"各部分平衡和谐"、赫拉克利特的"不和谐元素的动态平衡"等。我们还可以考虑对齐、平衡、对比、接近、重复、比例、正负空间等设计原则，可以检查每个视觉元素的层次感，比例的准确度，装饰和选材，线条、形式和体积的设计，图案、质地、纹理的选择等。

有些人缺少这种天性与本能，无法第一眼就把握产品的某种和谐与平衡。这些人就好像患有审美近视：他们可以发现大自然的普遍之美，或者大众普遍珍视的一些物品或建筑的熟悉之美。可是，他们却缺少一种关键能力，无法在其他情况下发现美。他们仿佛透过薄雾看见事物，因此根本无法评价它们的美。在某种程度上，识别美是一种与生俱来的能力，但我们可以后天通过技术和经验来培养和提高这种能力。

18 世纪哲学家大卫·休谟将个人品位定义为人在接触美时的一种价值判断。美产生了情感反应，而情感反应又产生了价值判断，让我们认为一款既定产品 A 比另一款产品 B 更具美感。休谟坚持认为："美不是事物本身的属性，它只存在于观赏者的心里，每个心灵都在感受着不同的美。"可是，他还澄清说："事物确有某种属性，天生适合产生这些特殊感觉"（即美的愉悦，残缺的伤感）。这就是美的普遍准则的由来。换句话说，对休谟而言，好的品位是一种个人能力，可以比其他人更多地感知美的细节，而这些细节美通常由生物与文化因素共同定义。

并不是人人都具有同样的天赋与能力，在某种程度上，审美与品酒能力都是与生俱来的。有些人天生就比其他人更敏锐。然而，我们也可以通过后天教育、观察和实践来培养与训练这些感官能力。我自己就有过这样的经历。

回顾前 47 年，我比以往任何时候都更清楚，我的审美是如何随着时间的推移越发敏锐与成熟的。在某种程度上，我一直认为自己的品位还不错，但谁又知道，我万一搞错了呢。很多人都认为自己的品位不错，但事实上恰恰相反。也许，我天生不具备好的品位，可是，我的父母，特别是父亲，他是一位艺术家兼建筑师，他们审美水平极高。在我刚出生的几个月里，我在他们的帮助与影响之下，无形间提高了审美能力，也在潜移默化中受到了启发。但对我来说，一生中最明显的变化就是品位的变化。

我在大学里学习设计，参与过无数个项目，犯过错误，也在项目中改进，不断跟导师、主管和同事进行创意互动，经常跟造型师、建筑师、设计师以及其他审美水平高的专业人士一起工作，在专业上不断成长进步。毫无疑问，所有这些经历都让我在过去几十年里不断提升自己的品位。审美已经成为我日常生活的一部分——始终如一，认真执着，在有意无意间持续提升。

我觉得有一点非常有趣，那就是，我在人生的每个阶段中始终相信自己审美水平极高。但是，我如今才知道自己二十多年前的品位并不像现在这样精致。因此，我非常清楚，再经过几十年的磨炼，我的品位会远比现在更精致。即便品位不高，大多数人还是倾向于相信自己品位高。

我必须为了学而活，为了活而学。

当品位与审美能力演变成公司的重要资产，并在商界占据竞争优势时，卓越时代才真正到来。在这个时代，数字化盛行，视觉文化占据重要地位。这些公司不能再随机依赖各个领导者的不同审美能力，最佳方式就是信任这样的群体：他们将美学和品位作为公司重要的文化与教育支柱，以及决定成功的关键因素。当然，我泛指的是设计界。

我们很容易在设计界找到审美水平高的人。原因有三：第一，天生品位佳的人从小就对崇尚美的学科感兴趣；第二，如果你不能在工作中识别和制造美，那么你大概率不会在那个领域飞黄腾达，早晚有一天，你会尝试一些不同的事情；第三，多年来，审美早就融入这些人的基因里，他们在实践和经验中不断提高审美，渐渐成为专业的美学家，具备了高于常人的高品位，那些没有经历过这段旅程的人可能达不到这种水准。

随着时间的推移，多与这些领域的人士接触也能够帮助那些非设计师出身的创新者不断提高自己的审美能力。这一点至关重要：公司中审美水平高的人越多，公司就越能有效利用这一点来提高竞争力，为人们创造更多的价值。

智力理解

理想的创新者不仅能够欣赏美，也能够保持热情，全神贯注地思考美。除了欣赏美的本质，创新者也能够理解美的作用，并将其合理化。他们清楚地知道美在现代社会与商界中具有巨大潜力。特别是在当今世界里，社交媒体普及，图像和可视化编码比以往任何时候都重要，美自然更是潜力无穷。

美是一种资产，可以让用户在不同程度上受益：美能够引人入胜，带来便利，激励人心，培养信任，传达思想。美通过某种方式起到了很大的效果。作为人类，我们就算没有意识到美的存在，也会自然而然、发自内心地被它吸引。缺少了美，公司与品牌往往就会在无意之间，毫无理由地失去了这种附加价值。可是，很多场合和公司都发生过这种事情。

创新者、管理者和企业家不理解美的价值或无法赋予美足够的价值时，这种情况就会出现。在很多行业中，如时尚、珠宝、旅游、室内设计、消费电子产品、汽车、娱乐、戏剧、音乐、运动服装、厨房用具等，美学是一种明显的竞争优势，所以，你要么正确管理产品与品牌的美学价值，要么就直接丧失竞争力。其他行业也逐渐意识到了美学价值，还有一些行业还没意识到这一点，但这只是时间问题罢了。

很多商业领袖仍未理解美学价值，认为不需要把其当作必要因素进行投资。可是，这只是暂时的。美学的车轮已经开始转动，用不了多久，这些人就能认识到自己判断错误了。真到了那个时候，对他们及其企业来说，情况必然会更加糟糕——如果他们能够早点意识到这一点就好了。

独角兽是有全局意识的设计师

请明确一点：独角兽不一定是设计师，这一点显而易见。

我一生见过了很多才华横溢的科学家、出色的律师、金融奇才、优秀的市场营销人员、卓尔不群的音乐家、成熟的政治家等。他们都是独角兽。独角兽并不一定是设计师，但必须是设计思想家。换句话说，就像我们描述得那样，独角兽需要善于利用设计界典型的思考和工作方式。

然而，对于大多数产品与行业来说，无论何时，设计都是创新艺术的基本组成部分。我们已经在本书的前面章节中详细介绍过了。

如果独角兽在设计行业工作，也就是说，如果独角兽是一名设计师，那么，对他来说，最重要的是要对设计学科有全局观，那些非设计出身的独角兽在创新过程中就需要设计师的帮助。在这种情况下，这些人就要将自己托付给那些有全局意识的设计师，而非那些传统设计师。毕竟，传统的设计师只专注于一个专业领域，例如，平面设计、产品设计、战略设计、时装设计、室内设计、数字设计、体验设计等。

让我再明确解释下全局意识在设计行业的含义。设计领域包罗万象，即使很多人都没有意识到这一点，但这就是事实。"设计学"就跟"医学"一样，包罗万象。医学涵盖一系列的专业，从心脏病学到肿瘤学，从妇科到骨科，从儿科到麻醉科等。医生术业有专攻，很少涉猎其他领域。你会让妇科医生治疗心脏病吗？你会让肿瘤科医生重建膝盖韧带吗？在医学领域，心脏科专家、肿瘤科专家、妇科医生、整形外科医生的工作大相径庭。同样，在设计学领域，工业设计师、品牌设计师、战略设计师、时装设计师、室内设计师、食品设计师、体验设计师、数字设计师之间也存在很大差异，更别提跟他们类似的职业（如建筑师、艺术家、动画师、摄影师、导演等）了。工业设计师很少精通排版，平面设计师甚至都不会使用3D建模软件，时装造型师无法直接创造物品，数字设计师也缺少设计战略。多年来，特别是在高度专业化的英美国家，这些学科齐头并进，从学术界就开始各自为营。

但如今，环境早已今非昔比。或者往积极方面讲，社会瞬息万变，创新、构想、推出产品、创立品牌与沟通方式也日新月异——创新也必须随之改变。在像今天这样的世界里，品牌全天候活跃在数字舞台上，创新者需要知道如何兼顾现实与虚拟，全方位规划和管理品牌绩效，从产品到包装，从沟通到体验等。

例如，在百事公司，我们发现自己不断定义着百事可乐在各种情况下的"行为方式"。这一周，我们可能设计品牌在沃尔玛货架上的形象，来满足消费者日常的购物体验。下一周，我们将会设计百事可乐未来的样式。再下一周，我们将想象女神卡卡如何在即将到来的超级碗表演上跟品牌互动。也许再过一周，我们将为纪念百事可乐和D二次方的合作设计一款价值800美元的卫衣。下个月，我们就会发现自己同时负责在中美市场线上推广这款卫衣。

如果苹果公司设计的iPhone手机只是外形美观，其包装、数字互动、零售体验、在线沟通平台的设计都达不到高标准，那么，这款手机本身就会受到影响，更无法取得现有的非凡成功。品牌的每个接触点都彼此关联，需要采用统一精致的设计，讲述共同的故事。

社交媒体已经把这种必要性放大到极致。在过去，公司可以通过精心的艺术指导，将品牌投放到几个明确的渠道上，控制其表达形式。但是，现如今每个人都可以在数字平台上自由地分享他们的品牌体验。在此背景下，每个闪光点、每个错误都会以前所未有的方式被无限放大。

在这种平台下，百事永远都是百事。因此，品牌必须针对各个接触点与领域，做到全球统一，同时对当地发展起到一定作用。无论你看到的是在布宜诺斯艾利斯的家乐福中拍摄的罐装照片，还是在米兰展台上呈现的限量版瓶装，或是内罗毕郊区村庄里的冷却器，抑或是东京原宿购物区售卖的授权夹克，这都无关紧要。公司都必须确保品牌在任何地方的外观与呈现统一，同时，品牌还需做到入乡随俗，跟所处的环境协调配合。否则，人们就会觉得这个品牌不真实、不走心。

因此，现代创新者必须见多识广，思虑详尽，知道如何设计品牌的接触点。这并非那么容易。究其原因，设计师大多接受过某个特定领域的专业培训，比如数字平台、实际体验等。这些专业人士进入劳动力市场后，通常会先在与专业培训相匹配的特定领域找份工作，开始自己的职业生涯。如果一名产品设计师在公司中专攻自己擅长的方向，那他会发现自己很难成为一名品牌设计师、室内设计师或者时装设计师。即使个人想要有所转变，但在职业生涯中从未以某种方式学习或接触过对应学科，他也不会立刻掌握必要的技能。同样，公司也很难给此类员工这样的机会。

然而，有些设计师富有好奇心，勇气十足，能够适应各种环境，有机会全面培训自己。就我个人而言，命运给予了我理想的条件，让我可以顺利开启这段旅程，然后凭借自己的强烈好奇心与远大梦想继续前进。多年来，我一直试图解析这段旅程，寻找合适的指示，然后用这种类似的方式在我的团队中培养高潜力人才，为他们尽可能提供一条全面发展的职业道路。

我的父亲欧亨尼奥（Eugenio）是一名对艺术充满热情的建筑师，他热衷于实践与研究艺术。我的祖父艾米利奥（Emilio）曾在意大利航天局工作，但他一生都在画画。在我的印象中，他上了年纪，早已退休，一直坐在书桌旁绘画。我的哥哥斯特凡诺跟我一样，是一名工业设计师，多年来他创建了很多时尚品牌，不停地跟产品、平面图形、艺术等打交道。

我还在 3M 公司工作时，我的搭档埃莉莎（Elisa）是圣·罗兰品牌的高级时装设计师。我的妻子卡洛塔是意大利时尚品牌"金鹅"（Golden Goose）美国区的市场营销主管，她帮助我跟整个时尚界保持着密切联系。我还有一些朋友，就是那些关系很好的密友，他们也都在不同的创意领域工作。我的个人背景使得我一直跟设计界的不同领域保持着联系，这也培养了我的创造力。

我在大学里学习了工业设计，这门学科与图形、交流与体验密不可分。20 世纪 90 年代，我还在米兰理工大学念书的时候，人们就已经开始谈论服务设计与战略设计了，这培养了我的设计思维。我在爱尔兰都柏林国立艺术设计学院参与了伊拉斯谟交流项目，花了一年的时间学习设计。在此过程中，我学习了更多方法，接触到原型文化，并奔波于车间与实验室之间，参与了很多设计实践。后来，我撰写了一篇有关穿戴式技术的论文，顺利获得了硕士学位，这让我离时尚界和各种先进技术更进了一步。

我加入米兰飞利浦设计公司时，团队只有几个人。因此，即使我负责产品设计这种汇集技术与时尚于一体的工作，公司还是要求我在各个创意领域担任角色，发挥作用，以便全面支持集团工作。那段工作经历为我打开了一扇新窗，让我接触到了排版与图形领域。我无比仔细地观察周围的专家，并持续不断地参与设计实践。哪怕是那些最基本的问题我也虚心请教。我不断尝试，失败后，又重新站起来，脚踏实地地稳步成长。我正经历着所谓的学徒期。回顾我的整个职业生涯，从那时到现在，我从未真正失去过学徒心态。我一直在试图保持这种心态，我也希望自己能够永远坚持下去。我总是在寻找新的理念、想法、工具和方法。

当我创立设计公司怀斯曼（Wisemad）时，我必须学着编写代码，建立网站，设计动画。我也相继感受到了音乐与娱乐世界的魅力，结识了很多名人。同时，我也在不断推进工业设计和穿戴式技术相关的项目。

加入 3M 公司意味着我回归产品设计领域，重拾 3D 建模、原型设计等工作，可是，这也意味着我要重新接触科学与商业领域的专业团队。在 3M 公司工作期间，我很快意识到要想给公司创造价值，就必须跳脱出产品设计的限制性框架。这是公司分配给我的任务，所以我开始涉足沟通、品牌建设、体验、创新和数字设计等领域。我再次大胆尝试，鼓足勇气犯错，取得了成功，也在这个过程中受益匪浅。通过一次又一次的项目实践，我的信誉不断提高，也由此获得了越来越多的资源与机会。在 3M 公司工作的后五年里，我终于有机会采用一种更明显、更正式的方式在公司里推行这种设计方法，毕竟，这种方法对整个公司来说至关重要。这几年的工作也提高了我在其他方面的设计能力，例如设计领导能力、设计思维、战略设计、体系与组织架构设计等。

2012 年，我搬到了纽约，身披技能盔甲到百事公司工作。但是，我从来没有停止过学习和进步。即便是在今天，我依然在跟身边各行各业、形形色色的人们学习知识，特别是那些我知之甚少的领域更能激起我的学习欲望。如果我是一朵向日葵，他们就是促我成长的水源和阳光。我寻找着他们，期待着他们的到来，不断地茁壮成长。

命运给予了我一些理想的条件，让我可以顺利开启这段旅程，可是，有了好奇心、勇气、坚韧和梦想的加持，我可以继续前进，大胆涉足与学科对应的领域，走出舒适区，不断学习更多知识，涉足其他领域，然后经过岁月的磨炼，内化成自己的看家本领。在过去的几年里，我遇到了许多设计师，他们都有相似的经历，也曾广泛涉猎过多种领域。而如今，他们中的很多人已经成为我团队的一员，而其他人要么在机构、公司或初创企业工作，跟我有商业合作，要么就只是我的朋友。可是，具有全局意识的设计师还是少之甚少。

如果你想要成为具有全局意识的设计师，我想给你一个建议，即选择一家设计学校，无论你最心仪什么专业，选择一个特定的设计学科就好。与此同时，从学生阶段就让自己满腔热忱，怀揣无限强烈的好奇心，主动接触其他的设计学科。拿到设计学位仅仅只是个开始。你必须明白，任何正规的教育课程都只是沧海一粟，只要你还活着，就还有一段更加漫长的旅程等着你去探索。我们必须为了学而活，为了活而学。

如果你是一名设计师，请选择这样的公司就业：它能够让你广泛涉猎各种设计学科，并利用这种工作背景，孜孜不倦地终身学习。如果您从事其他行业，也请试着在自己的领域不断拓展，发光发热。我们用了这么多页来谈论设计，其实这种方法同样适用于其他职业。

在百事公司，我的使命一直是给所有人才提供这种机会。为此，多年来，我聘请了一些世界杰出的设计师，他们来自不同的设计领域，这些专业人士来自40多个不同的国家，背景和工作经验也截然不同。他们都对设计有着全面的了解，大家一起工作，并肩作战，参与最具多样化的项目，不停实验、改进、成长、互相学习与指导。我一直试图营造最好的工作环境，不断放大个人学习，将工作场所转变成实验室，不断促进集体文化的发展。这种方法注重多学科的融合交汇，所有那些感兴趣的人都充分利用了这个机会。

然而，这就像学术环境一样，公司提供这种氛围只能给人们提供一个平台。这个平台非常实用且意义重大，可以激起大家的兴致，同时带来协同效应。可是，归根到底，这也只是一个平台，如同设备齐全的健身房，场所与工具本身无法塑造我们的身体。我们必须亲自进入其中，利用这些工具，让这个场所的作用发挥到淋漓尽致。即使我们已经有了器械来锻炼四头肌和三头肌（这是我们的训练目标），我们仍需要使用所有其他的器械来锻炼背肌、胸大肌、腹肌，以及其他任何想要锻炼的肌肉。可是，这一切都取决于，我们要尝试使用这些器械，跟那些可以熟练使用的人不断交流，用心学习，然后付诸实践。

百事公司的设计与创新部门也是如此：每个人都负有责任，都在想方设法抓住任何每天可以接触到的机会。工业部门总是需要世界优秀的工业设计师的加入——可是，那些在项目中负责视觉战略的平面设计师也在学习 3D 设计，他们可以寻求专家的帮助，让他们帮忙出谋划策，构思原型，对团队做出贡献。因此，这位平面设计师可以持续学习、成长与提高，朝着有全局意识的设计师不断前进。显而易见，那些想要从事平面设计的产品设计师也会经历同样的过程。

在过去的几年里，我从团队身上学到了很多，这都不用多说了。在我的整个职业生涯中，我一直坚持与杰出的人才合作。这不仅仅是因为我需要这样的人才帮助我实现自身目标和公司目标，还因为我可以向他们学习。特别是在百事公司工作期间，我已经能够吸纳并聘请一些设计大师，包括其他跨国公司的设计主管，以及曾经就职于大型机构或咨询公司的经理。我的团队教会了我很多东西，每天都不断给予我全新的启发。

创新者需要对设计领域有全面的了解。如果你是一名设计师，想要进行创新，请为自己规划一条事业道路，制定个性化课程，培养自己的全局意识。如果你坚持术业要有专攻，你仍然可以踏上一段美妙的职业旅程，并大获成功。可是，在这种情况下，为了改变世界，你大多数时候都需要倾尽所有技能和才能，来服务那些有全局意识的创新者。

如果你从事商业工作，是一名首席执行官、企业家、市场营销或研发部门的领袖，请确保自己跟那些涉猎全面或经验丰富的设计师合作。我经常看到很多公司聘用了一些背景不合适的设计师，这种情况屡见不鲜。他们的专业过于单一，过于专注于某个领域，无法跟其他学科建立广泛的联系，而这种联系对于公司制定合理的创新战略是必不可少的。因此，他们终究无法担负重任，而这些公司却将失败归咎于设计本身，丝毫没有意识到，这只能怪自己，谁让他们偏偏选择了一位背景不合适的设计师呢。

2019 年 2 月，我去米兰三年展设计博物馆参加了一场非常悲伤的活动：意大利有史以来最为杰出的设计师——亚历山德罗·门迪尼（Alessandro Mendini）的葬礼。我刚踏进安放遗体的房间，就看到了一件特别奇怪的事情，让我永生难忘。他的家人并没有按照约定俗成的方式，将其照片放在棺材旁的桌台上。相反，他们决定陈列一幅幻想素描画。那是亚历山德罗在 2006 年创作的自画像，他还在自画像上写了这样一句话："我不是一名建筑师，我只是一条龙，有着产品设计师的脑袋，工匠的手，经理的胸膛，牧师的胃，艺术家的脚，平面设计师的腿，诗人的尾巴以及建筑师的躯体。"

这种描述强大有力。设计师如果想要创新，都需要以成为龙为目标。那些非设计师要不断寻找龙，跟他们达成合作！

独角兽既懂商业又懂技术

如果独角兽是商业领袖，那么他就必须具有商业才能。如果独角兽是一名科学家或者工程师，那么他自然也要精通技术。可是，他们除了需要掌握专业背景知识，还需要在一定程度上充分理解和欣赏商业与技术这两个平行世界。如果设计师、工程师、科学家、工匠和技术人员只是天资聪颖，富有创造力，却不足够了解商业世界，那么，他们就无法成为独角兽。他们可能只是出色的创意人才或杰出的技术专家，能够构思出不同寻常的理念、发明和专利。但是，独角兽并非如此。独角兽能够将这些想法转化为上市产品，给用户和社会创造价值。创新者将与这样的创意人才和技术专家合作完成项目。

如果商业领袖或设计师无法理解与行业相关的科学技术，那么他们也无法成为独角兽。他们也许能够执行独角兽制定的战略。既定技术可能涵盖数字科学、人工智能、制造工艺、材料化学、物理等。你并不需要考取工商管理硕士或者博士学位，来理解这些技术。你需要做的是再一次重拾好奇心，激发主动性，坚韧不屈，卷起袖子加油学习，投身到全新的领域中，在实践中不断成长。

3M 公司与百事公司就像是我的工商管理硕士与博士学位。我可以在世界商业论坛（World Business Forum）上跟成千上万的首席执行官和企业家，或者在世界创新论坛（World Innovation Forum）上跟成千上万的研究人员与科学家分享愿景与创意，因为百事公司和 3M 公司的市场营销领袖与技术领袖是我的导师，而我跟这些领袖一起负责的项目就是我的学校，世界各地专家的出版物就是我的教科书，网络上的无数资源就是我的研究基地，我对知识的渴望就是我的动力。我把多年来从设计相关学科中学到的东西用到所有项目上，进行实践和测试，这种挑战常常让人感到很棘手。

我有很多朋友都利用类似的方式变成了精通多种学科知识的人才。可是，他们的发展大相径庭。

凯文·贝休恩（Kevin Bethune）就是其中之一。他是一位设计师兼创新者，也是国际设计管理协会（Design Management Institute）的董事会主席。我也是该协会的一员。我有幸在我的播客"感同身受"（*In Your Shoes*）中采访他。凯文在获得工程学位后，任职于西屋电气公司的核工厂，顺利开启了自己的职场生涯。正如美国业界经常发生的那样，他决定攻读卡内基 – 梅隆大学金融、战略和创业领域的工商管理硕士学位，来不断促进与巩固其职业发展。获得学位后，他就职于波特兰的耐克公司。在那里，他开始欣赏设计，逐渐意识到设计才是自己的初心与热爱所在。在耐克公司担任流程经理的他，遇到了一系列领导，让他有机会尝试设计，并在工作之外承接个人项目，为耐克品牌设计鞋子。其中一些鞋子已经面市，凯文明白，他会成为一名职业的设计师。因此，他决定重返大学，到帕萨迪纳艺术中心设计学院攻读工业设计的理学硕士学位，接受更加正规的教育。从此，他开始飞黄腾达，几年后成为波士顿咨询集团数字风险投资公司的领导人，然后创立了自己的咨询公司——梦想·设计 + 生活（Dreams·Design + Life）。

凯文的职业生涯始于工程与商业领域，后来转行到设计领域。而我始于设计领域，并在这个领域中不断学习和利用商业、技术知识。凯文选择了一条更加专业正规的职业道路，而我恰恰相反，缺少结构化培训。又有谁知道我的做事风格偏向"意大利式"风格，而他的风格偏向"美式"。可是，抛开固有成见不谈，尽管我们选择了不同的发展道路，但本质上，我们采用了相同的方法。我们的关键词是好奇心、热情、坚韧。我们都是行动迅速、思维敏捷、做事果断的人。这种做事方法必然将我们带到了一个通往不同世界的十字路口——商业、技术与设计。正因如此，我们才发现彼此身处同地。在这片文化"广场"上，道路四通八达，却彼此交汇——我们都站在了创新的十字路口上。

如果创新由用户合意性、技术可能性、商业可行性这三种成分构成，那么每个创新者就是一名厨师，对这些成分的口味了如指掌，可以准确识别它们，并利用最佳方式将其混合使用，达到完美平衡的比例，制作出令人难忘的美味佳肴。厨师之旅充满个性，独一无二。可是，这些成分是众所周知的，我们获取与混合使用它们的方式才决定了最终成品。

第8章 连接未来：构建多元和谐的创新团队

独角兽的社交天赋指的是与他人有效合作以及轻松驾驭复杂社会环境的一系列不可或缺的特质。我们可以在跟其他人互动时，应用这些天赋。这些天赋是创新的基本特征，让我们利用业界的集体知识，巧妙避开创新过程中的危险路障。

独角兽值得信赖

独角兽善解人意，慷慨大方，思维敏锐。他们真诚待人，值得信赖。很显然，并非所有人都是绝佳理想的独角兽人选，但这就是我所寻找的创新者，也是我希望为整个世界物色的创新者！如果说我们之前谈到的审美标准定义了美，那么道德标准就是定义了善。因此，心地善良的领导者显然就是公司的道德财富。可是，显而易见，在我们生活的世界里，我们每天都能看到一些人，他们居心不良，却在很多领域和情况下掌握着权力。同样，创新领域也存在这种情况。

　　对很多人来说，拥有一位心地善良的领导者似乎有些理想化，有些人还觉得这是无稽之谈，而其他人则认为就算如此，也毫无意义。我想要跟这些人说些心里话。

　　首先，如果你认为善良在商界并不是必要的道德价值，或者压根微不足道，我会感到相当悲伤，也对你本人和公司感到惋惜与同情。可是，即使你真心这么想，但这些天赋之所以仍然存在，很可能与你有关。

　　直到最近，我才意识到为人善良与诚实守信具有惊人的商业价值。几年前，我还想当然地认为这两种品质只是单纯的道德，是我选择合作伙伴与朋友的过滤器。就我个人而言，我身边的人都非常善良，我会主动地拒绝了那些居心叵测、消极负面、心肠恶毒、谎话连篇和虚情假意的人。无论如何，我无法跟这类人相处，通常来说，我甚至都不需要真的做出选择。毕竟，我们无法友好相处——这段关系也就自然结束了。

　　与此同时，我一直在为我的团队物色善良人选。我的团队由数百人组成，他们遍布五湖四海，因此，我无法一一管控。可是，我每天都会直接监督最密切的合作伙伴，他们同时也是公司第二层级的骨干成员。在这一点上，我态度坚决，毫不妥协：员工必须心地善良，真诚待人，为他人着想，这是必不可少的。这条原则适用于所有合作伙伴及其团队。因此，这种用人标准就像瀑布倾泻而下，逐渐渗透到整个设计部门。缺少这些特征的人进入我们公司后，通常无法工作太久，因为他们无法在我们团队文化的滋润下，找到一片肥沃的土壤，供自己茁壮成长。

现在来谈谈社交天赋的重要性吧。我要求几十个员工直接向我汇报工作。他们都为人善良，诚实守信，尊重他人，而且喜欢团队协作。共度时光是一种乐趣，可以温暖人心，让人受益。善良的人彼此吸引，喜欢共享空间与时光。相比之下，又有谁愿意和那些心肠恶毒、虚情假意、不可信任的人一起度过那么长的办公室时光呢？如果这样的人强行加入了你的团队，你要尽量避开他。这类人会拉低团队的整体工作效率，使团队成员心生间隙，缺乏团队凝聚力，因此，无法产生协同效应，更不会提高效率。

如今，如果你不信任团队中的某位成员，那你又有多大概率会将团队的成功托付给这个人？你会指望他在团队中忠于本职，高效工作吗？显而易见，概率很低。信任这种人需要承担太大的风险，所以你会试图先保护自己，创建一系列备选方案来化解风险，来保护你自己和团队，以免他没有尽到应尽的职责。这样势必会引发一系列多余的活动，这些活动又会反过来极大地降低公司的生产力。例如，公司全球商业领袖推广了一个全球项目，这个项目本该在全球市场上全面启动。可是，中国（也可能是美国、意大利、南非、墨西哥等）市场团队的领导者却同时推进着另一个项目，只因为他想着一旦那个全球项目没有如期大获成功，另一个项目可以作为 B 计划面市。如果真是这样，请想象一下，这对于公司来说，效率是多么的低下！就算这样做有用，这也足够低效了。真诚待人、光明磊落、为人善良和彼此信任就能避免这种情况。现在，假如公司中的每个成员都会遇到一次这种情况，以此计算一下，你很快就能明白这种错误的文化可能会给公司生产力造成多大规模的影响了。

你可能会问，为人善良究竟在其中起到了什么作用？当然，你可能会相信，一位品行恶劣但才华横溢的团队成员会恪尽职守。但这两种人的区别在于，心地善良的人不仅关心自己的未来，还关心团队中其他人的未来。如果需要的话，那些品行恶劣的人迟早会将个人利益置于公司利益之上，而且他们会毫不犹豫地这样做——特别是在其他人身陷困境的时候。为人善良并不意味着其他人会信任你并对你敞开心扉，但它确实增加了别人信任你的可能性，也可以带来其他积极的效果。心地善良的人不会落井下石，而会随时准备帮助身边的人。也就是说，他们更多的是帮助人而非伤害人。我们在一生中总会遇到这样的事情，即我们迟早会在生活或工作的某个阶段经历困难。那时候，我们就需要身边的人伸出援助之手，从他们那里获得支持和安慰。如果这种情况真的发生了，我们所有人都会从中受益：我们会成长，团队会进步，整个公司也会发展。

当我在生活中遇到困难时，是我的工作团队让我振作起来，将我拥入怀中，保护着我，拯救了我。如果没有他们的善意，事情会变得截然不同。在那一刻，我比以往任何时刻都更明白善良的价值，也见证了它的重要商业意义。

一个积极的群体如果掺杂了几个消极懒怠的人，就会变得非常危险。这几个人能在团队里产生负面能量，并不断扩散，扰乱系统正常的运作流程，让善良的人产生分歧，破坏现有的协同效应和团队信任，产生不必要的隔阂。而且，这种负面能量会降低团队的生产力，营造一种令人不快的工作氛围，降低团队的整体参与度。

太多的公司在太多时候忽略了这一点。就算个人作风不良，人际关系恶劣，但只要他业绩突出，这些公司就会给予奖励。以牺牲团队利益来谋求个人业绩的员工就像公司内产生的癌细胞，它发展速度缓慢，在无形中从内部破坏着公司，不会表现出太多症状。癌细胞会在看似健康的身体上蔓延开来，随后扩散全身，直到为时已晚，无药可救。

善良和信任可以提高公司的工作效率与生产力。在由创新者构成的团队中，协同、合作与共创是团队和项目取得成功的基本条件，而善良与真诚是宝贵的财富。我知道，我跟我团队的成员都互相信任。我也知道，这会产生一种强大的协同效应，而且，团队、公司的共同利益、集体愿景和共同梦想绝对至上。我们彼此友善，工作积极向上，氛围健康舒心，我们乐意成为彼此的支柱。即便我们有时会像家里的兄弟姐妹一样吵吵闹闹，但我们也知道真心以待，坦诚相见，最终和解。善良与生产力相遇，真诚与效率相搭，道德与绩效相聚。

独角兽热爱多样化

独角兽在多样化中茁壮成长。他们积极寻求多样化。首倾听很宝贵。人活在世上，要学会多多倾听。倾听可以帮助你思考、反思和自我纠正，成就更好的自己。

先，多样化是一种心态，它重视和赞颂每个人的独特个性，提倡在团队中包容这种独特个性，比如，性别、种族、社会经济地位、年龄、身体素质、宗教信仰等。但是，这些类别无不体现着思想、风格和行动的多样化。试想一下，如果所有人性别相同，比如都是女性，所有人思维方式也别无二致，那这个世界将会是多么的单调。

真正的多样化远比这深奥得多。你会发现，每个类别都具有多样化。在这种多样化下，我们每个人都是世界公民，都是独一无二、不可替代的个体。它无比珍贵、分布广泛，值得我们赞颂、培养、探索与放大。

创新过程始于同理心，然后，以一种不同寻常、意想不到的视角看待周围世界，从而抓住机遇，构思想法，发现很多未经发现的东西，进而完成创新。因此，我们应该清楚一点，即对于创新团队而言，保持多样化至关重要。当我跟不同背景的人面对同一情形时，我们会从不同的角度来感知、分析与诠释问题，然后本着彼此尊重的原则，通过沟通融合彼此的观点，进而有可能形成一种全新独特的观点。在这个过程中，第一直觉和假设发挥了作用，激发了创新，确切地说，我的观点与你的观点发生积极碰撞，然后产生了另一种全新的观点。

其次，多样化不仅仅是指团体成员之间的身体或其他可见的差异，而是一种文化特征，必须被整个团队所接受。否则，即便团队具有多样化，但成员的思维方式、处事行为也无法将其明显体现出来。创新的多样化必须包罗万象，真切实际。我们不能将多样化简化成几个固有类别，必须真正彰显出多元文化，只有这样，创新才能给组织、企业乃至社会带来真实价值。而且，这种文化必须真正渗透到组织内部，才能接受和包容更多种公认的和可见的多样化。

在我们的设计团队中，多样化就像口头禅一样，完全刻进了我们的基因密码中，成为团队不可分割的一部分。一方面，我们通过一套有意识的结构化方案来招聘、留用和提升不同背景的团队成员，促进团队多样化发展，树立清晰明确的目标，来解决系统性的社会问题。另一方面，我们的工作环境早已自然而然地变得多样化，而且这种多样化也在无形中对我们的工作产生了影响——毕竟，我们的存在就彰显着多样化。单单是纽约设计中心就涵盖40多个种族，男女比例完美平衡，员工的宗教信仰、社会经济背景、政治面貌和生活方式各式各样。

但是，为了重新平衡历史的扭曲，消除歧视与认知偏见，扫平结构性障碍，达到理想状态，我们还有很长的路要走。显而易见，这些都是当前社会中存在的真实障碍，但与我们正在建设的健康安全空间毫无关系。我们要始终铭记，多样化与创新密不可分。创新者从不畏惧多样化，他们发自内心地热爱多样化。如果创新脱离了思想和行动上的多样化，那这就像戴着眼罩探索丛林，或者揣着石头在海里游泳，简直是自寻灭亡。

最后，多样化就是这样一个领域，无论是从道德角度出发，还是从经济角度出发，我们始终目标统一，做着正确的事情，因为多样化是创新和进步的基础。拒绝多样化是目光短浅、愚昧无知、愚蠢至极的行为。当你理解了这个基本原则，一切都会变得简单清晰、豁然开朗。

独角兽具有同理心，情商较高

我们已经讨论过同理心的重要性，以及它在创新、战略与原型设计过程中的非凡作用。创新者必须跟目标用户感同身受，或者能够深刻理解用户的需求，从他们的角度思考问题，设身处地地为他们着想。

但这只是同理心在专业团队中发挥的一个作用。具有同理心的创新者还能发自内心地理解公司员工和外界人士，包括同事、主管、客户、投资者和记者等。这种同理心代表着创新者的情商，这是一种天赋，可以让他们清楚地意识到自己与他人的关系，与他人建立起情感与精神联系，迅速理解他人，并在各种场合下察言观色。高情商的人能够与他人搭建起情感桥梁，促进对话沟通，建立共鸣。

过去我聘用过一些杰出的设计师、成熟的思想家和品行端正的人，但他们都情商不高。真的很遗憾，缺少了这个通用技能，尤其是少了同理心，其他一切都是徒劳。毕竟，在创新的世界里，特别是在商界，与公司内外部的人进行情感互动是一种必不可少的能力。这个世界并不是一出独角戏。我们正处在一个团队表演的时代。我们设计公司甚至创造了"#一体"

（#oneteam）这个标签，来整合这个想法。同理心就像胶水，可以将整个团队牢牢粘在一起。

独角兽是多语种管弦乐队的指挥，能够辩证地统筹协调

独角兽创造对话、和声与旋律，他们指挥并协调各种不同的元素，使其达到完美平衡。他们推动旋律演奏，诠释美好音符，产生协同效应。他们的艺术造诣在于拥有罕见且高超的能力，他们在多学科、跨职能的创新过程中懂得倾听、团结，通过开展公开透明的对话、引发意想不到的讨论，激起令人惊讶的共鸣，重新调整方案。专注于显微镜研究的科学家，活跃在聚光灯下、法律部门与创意工作室里的市场营销人员，以及管理公司人力与财力资源的领导者全都汇聚一堂，拿起自己的乐器，齐声演奏。在创新过程中实现完美高效的运行既是一门艺术，也是一种天赋。整个过程需要出色的管弦乐队指挥。

要想成为这样的指挥家，创新者需要精通多种知识。他们需要说各种各样的知识，比如市场营销、人类学、设计、科学、金融、法律等多领域的知识。与此同时，他们还要保持消息灵通，根据观众需求随时调整，以便每个专业领域的人都能明白其意图。他们需要充当连接工具和翻译工具，无缝衔接各个领域，并针对不同业务采用对应的知识。角色模糊是创新者的本质。

作为一名设计师，我学会了金融语言，让人们理解我所创造的产品的价值，让我获得不断寻找的经济资源，以换取明确的投资回报；我学会了人力资源的语言，让那些同事雇用杰出的创意人才，让他们立足公司，明确定位，给予他们跟其他成熟职位（如市场营销、研究与开发）相当的薪酬，利用恰当的工具与资源留用并激励他们；我还学会了研发语言，跟工程师和科学家一起工作，确定设计理念的可行性，拒绝来自制造工厂或研究中心的诸如"你做不到"之类的反馈，以便跟实验室的技术人员拉近关系，让他们超越工业产品的功能，欣赏设计的美和诗意。这部分得益于我在学校里学习的各种学科课程，养成了随时学习不同文化语言的习惯；最重要的是，我凭借对知识的渴望、强烈的好奇心和同理心，在工作实践中学会了这些语言。

对话是学习语言的基本工具。正因如此，独角兽往往能够辩证地思考问题。在古希腊哲学中，辩证法是指通过两个持不同观点的人展开对话，来寻求真理。在《斐德罗篇》（*Phaedrus*）中，柏拉图将辩证法比作两个对立但互补的过程。第一个过程即感知零散的细枝末节，将其融合成一种观点，以便通过定义弄清楚其想要解释的具体事情，第二个过程即在事物自然接合的地方，再一次将其分门别类，不要效仿拙劣的雕刻家，去试图破坏任何部分。换句话说，对柏拉图而言，辩证法代表着一条特权道路，在那条道路上，多元的想法归于统一理念，而这既是意识的起源，又是意识的最终目标。独角兽能够将所有学科、观点和背景彼此关联，进而形成一个至高无上的终极综合体，满足独角兽目标群体的需求与梦想。与此同时，独角兽还能将他们的愿景、直觉和梦想划分成片段，让不同文化背景的群体都可以轻松理解和获得。他们可以与各种不断寻求真理的专业群体展开辩证的、深邃的对话，并把所有群体关联起来，共同参与到独一无二、相互合作的对话中去。从这个意义上说，辩证法是一种预备性的、赋能的社交天赋，服务于分析和综合的创业天赋。

独角兽懂得尊重

在创新领域、商界乃至整个社会，尊重他人都应该成为每个人思考和行动的共同标准。但遗憾的是，现实情况并非如此。尤其是当我们与他人或群体产生分歧时，我们总是忘记互相尊重。

让我们以前文提到的两个群体为例：商界与设计界。设计师常常认为他们了解社会的需求，知道何为美和实用，明确当前的流行趋势，也清楚价值创造的来源。而且，他们还会设计符合自己雄心和期望的产品和品牌理念。通常情况下，你会发现，设计师经常认为商界，尤其是某些行业，很难理解这些创意，无法欣赏其本质与品质，甚至违背了他们的设计初衷，导致他们的愿景出于一些徒劳无功、令人费解的原因被迫做出改变。"这个搞市场营销的家伙什么也不懂！"这句话我已经听过无数遍了，很多设计师都会这么想。同时，市场营销团队还常常认为设计师只具有创意思维，却对真实的商业需求一概不知，无法掌握品牌建设的规则，而且对战略的认知也相当有限与肤浅。很多商界领袖常常这样想："设计师基本上都是造型师。我们只是利用并引导他们的创造力，他们还是远离商界比较好，免得给我们造成真正的损害！"可是，一旦聪明睿智的设计师与足智多谋的商业领袖懂得了倾听彼此的心声，敞开自己的心扉，学会彼此尊重与理解，他们就会在彼此的世界中发现一些让自己改变想法的东西。

我想和你分享我在 3M 公司的一段经历。大概在 2003 年，我和一位获得六西格玛黑带大师认证的同事关系很好。"六西格玛"是一门管理方法，旨在提高组织的工作效率。多年来，一系列公司纷纷使用这种方法，例如摩托罗拉、通用电气、微软、通用汽车等。在 3M 公司，黑带大师由高潜力员工担任，任期两年，旨在培训他们学习这些方法，最终能够将这些方法应用到真实项目中。我提到的这位同事是马可（Marco）。他聪明睿智，足智多谋，思维敏捷，总是笑容满面。他非常清楚设计的重要作用，也充分明白设计在 3M 公司的巨大潜力。那时，他并没有负责任何特定的产品研发项目，或者管理某个品牌。可是，他常常来找我分享他对设计工作的热情，以及他对设计影响力的理解（虽然这种影响力还有待扩大）。他还表示，一旦有机会参与这方面的工作，他一定非常愿意利用"六西格玛"来管理工作。

　　几个月后，这一刻终于到来了。马可成为欧洲办公室业务部门的管理者，负责产品的商业化工作，包括便利贴、思高牌透明胶带（Scotch Tape）、多媒体投影仪、专业照明设备、办公空间解决方案、符合人体工程学的产品等。为了这一刻，我已经等候多年了——我们终于可以彻底改变行业现状了！

　　但在接下来的几个月里，我意识到，整个行业并未扩大设计规模，影响力也没有得到提升，而且这种情况在短时间内压根不会改变。通常情况下，作为设计师，我会认为马克只不过是一个市场营销人员罢了，不理解专业的设计方法。可是，他的情况又有些别样，因此，发生的事情也随之不同。

　　根本区别就在于，我非常了解马可，我知道他清楚设计的价值。我尊重他！过去，我总是非常尊重其他营销人员，可是，站在设计师的立场上，我实在无法苟同他们对于我们创意愿景的理解能力，我没办法做到尊重他们。就拿马可来说，我非常尊重他的聪明才智、战略思维、同理心，以及他对设计的理解。因此，我开始扪心自问。我之前从未思考过这些问题，而且，很多设计师（或者其他领域的专业人士）也从未在自己的职业生涯中问过自己这些问题。我出于尊重，提出了这样一个问题："马可明明是个非常理智聪明的营销人员，可是，他为什么即便理解设计的价值，也不能充分利用设计呢？"后来，这个问题从根本上改变了我和其他很多人的职业生涯。

　　我进一步研究公司高层指派给马克的目标，试图了解他在实现这些目标过程中遇到的限制、阻碍和困难，终于找到了这个问题的答案。换句话说，我试着感同身受，换位思考（15年后，我将自己的首档播客命名为"感同身受"，这并非巧合）。同理心产生尊重，尊重同样产生同理心。

许多公司的商业领袖都经常面临着这种情况，他们需要在短期内衡量马可这类角色的作用。在第一年，他需要使用特定且有限的资源，给公司创收，获取利润，并赢得一定的市场份额。这些目标、资源和进度表是公司基于当前商业模式和战略杠杆而分配给他的，没有考虑到任何其他破坏性影响因素。这种模式意味着，任何没有事先预测的长期投资都可能带来负面风险，影响到马可在短期内实现商业目标的能力。设计从定义上来说就是一种长期投资。加速扩大设计的规模会影响到他的年度绩效、薪酬乃至整个职业生涯。在某些情况下，在某些公司或企业文化里，错失目标或未能完成年度绩效甚至意味着失去工作。显而易见，这会对某些人的个人生活产生影响，例如，这会让人不能继续保持某种生活方式，无法支撑家庭开销，或无法给予孩子良好的教育等。换句话说，这种影响非常严重并与生活切实相关。难怪很多专业人士在其整个职业生涯中做决定时都相当谨慎小心。

另一个变量会让情况变得更加复杂：大多数公司每年都会根据大多数管理者的绩效对他们进行评估，但创新项目时间跨度很大，在启动多年后才能初见成效。如果这些管理者在其职业生涯中每隔两到三年就要轮一次岗，那么，他们就没必要制定长期的创新项目，这不仅会占用他们的现有的预算，还会给短期目标的实现带来风险，最终摘下胜利成果的是下任管理者而非他们自己。在某些情况下，如果管理者真的这样做了，那是因为他们意识到了自己作为公司的领导者有责任促进创新。然而，公司基本上不会为他们的长期创新提供任何具体的激励举措。如果这些管理者真的制定了创新项目，那么其成败完全依赖于他们的责任感。

根据心理学家马斯洛的需求层次理论，大多数人的首要本能需求是保证自己的稳定和安全，这也是他们的基本需求。创新欲望作为其他需求形式和表达方式，在需求金字塔上占据较高位置，是人们的高阶需求。如果基本需求不复存在，人们就很难攀升到高阶。即使这个世界上存在无所畏惧、不怕冒险的人，那也是少之又少。世界上的公司不会为了创新，就将自己的未来托付给少数人。

在马可及后续的无数其他案例中，我意识到为了在公司内推广设计，继续让管理者以一种不计后果、自我毁灭的方式行事是毫无意义的。毕竟，这会让他们面临更大的结构化障碍。相反，我需要跟市场营销、人力资源、财务等部门的高管一起工作，以便重新确定目标，分配资源，制定针对长期项目的激励举措、年度薪酬标准，以及企业创新相关的战略。在3M公司负责设计工作并不仅仅是像他们要求我做得那样简单管理设计工作，如果商业领袖没有按照我们的期望工作，就会抱怨。首先，这种责任意味着，即使没有人要求我们做事，我们也需要设计文化、流程和标准，尽可能使项目落地！

的确，这种情况面临的最大挑战就是：创新项目的重点，如文化、流程、标准和商业目标，并不是我一人的责任，其他部门需要共同承担角色。我只能试着影响他们，但这并不容易！可是，这也正是我决心要做的事情。正因如此，随着时间的推移，我并没有被"炒鱿鱼"，而是晋升为公司的首席设计官。我做了公司需要我做的事情，而非墨守成规地完成公司（一开始）要求我做的工作。我非常尊敬马可，这让我更好地明白了自己可以和应该在公司中担任的角色。这完全改变了我的职业生涯。

尊重与自己观点不同的人可以创造出非凡的价值，让你有意识地努力去理解他人，从而转变自己的观点。这会产生两种潜在的后果。

一方面，这会让你意识到一些以前从未理解过的事情，就比如我跟马可的工作关系。不过，意识到这些事情后，你会更加了解自己，清楚自己的角色与潜力，然后不断进步、调整与发展，跟他人建立新的桥梁与纽带，达成全新的合作与伙伴关系。这是一个双赢的局面。

另一方面，尊重他人会让你更深入地了解他人的想法、需求和困难，明白他们到底为什么无法理解你所提供的创新价值。还能够让你在保留信息或意义的情况下，及时调整沟通形式，从而让信息更易理解、更好吸收、更合乎需求。通过这种方式，其他人终会清楚你的观点，对此表示赞同，然后跟你达成一致。同样，这也会带来双赢。

在这两种情况下，彼此尊重会让你们共同进步，彼此敞开心扉，创造全新机会，解决个人和集体的问题，相互进步，成就彼此。尊重是发展的基本动力，这对商界和设计界来说都是真理，显而易见，尊重对于我们的个人成长也具有非凡意义。

如果人们能够更多地互相尊重，互相让步，搁置分歧，坦诚交流，欣赏彼此的差异，并在差异中共同成长，那么，我们就可以打造一个更加美好的世界。这个世界上存在着形形色色的人，我们的政治观点、宗教信仰、肤色都截然不同。如果我们始终相互尊重，那么，我们就能回到文明对话中，创建一个更加和平、快乐、包容的社会。那样的话，我们更容易进步成长和开拓创新。

如果你无法尊重那些与你存在差异的人，那你本身就存在态度问题。这种态度消极、有害、危险，会与他人产生分歧和隔阂，甚至在某些环境与情况下，会引发仇恨。仇恨不仅是整个社会的毒瘤，也是创新和进步的最大克星。

独角兽是富有魅力的故事讲述者

独角兽是故事讲述者。他们能够流畅地表达出创意的价值，准确触及听众的心灵与思想。他们还可以利用自己的故事、语言、文字、手势、停顿和眼神来激励、影响和刺激团队、同事、客户、投资者和媒体。独角兽是富有魅力的故事讲述者，这是一种非常重要的天赋。在当今世界里，受众常会被外界因素、各种压力和多样内容吸引注意力。在这种背景下，用故事吸引他人的能力就变成了一种宝贵的品质，这可以确保人们始终专心致志、热情澎湃，不停追随着你的愿景。

纵观整个职业生涯，我从一开始就在不停地讲故事，这一直是我的热情所在。我常常活跃在各种大型会议、杂志和社交媒体上，通过演讲、文章和帖子，以及图书等形式不断向大众讲述着故事。

这并非易事。讲故事其实相当复杂，但也非常有趣。多年来，我已经通过故事将我所建立的东西渐渐分享给了大众。这些故事作为基础，让更多梦想得以实现，更多项目得以执行，最终，让更多故事得以讲述。

独角兽是慷慨的导师

独角兽对传播知识和文化有一种发自肺腑的热情。他们每天都在慷慨地传播知识和文化，不求任何回报。他们这样做纯粹是为了在公司、群体乃至整个世界播撒下文化的种子。这种心态在公司中起着至关重要的作用，它可以成倍地扩大知识共享，促使人们学习，让整个公司变得更强大、更稳定。

要想成为创新者，你既不需要成为导师，也不需要慷慨大方。如果你的团队成员都是慷慨的导师，那么团队成长和成功的潜力将成倍增加。这正是我所希望为团队寻找的创新者。

我们可以利用各种各样的方式成为导师，去接触那些杰出的人才。我们将在下面章节中详细讨论这些方法。

独角兽不会太严肃，懂得如何创造轻松愉悦的氛围

独角兽知道如何笑，如何自嘲，也知道如何享受自己。科学提醒我们，微笑与享受截然不同，却经常关联。这两种行为给个人与群体健康都带来了相当积极的影响。微笑与享受可以提高血清素含量，有助于调节情绪，减少压力，提高我们应对挑战的能力。微笑与享受通过提高注意力和记忆力来释放思想，增强人与人之间的信任与联系，改善睡眠，甚至提高整个群体的工作效率。简而言之，微笑和享受有益于个人进步和团队发展。这是一种个人与生俱来的能力。但是，我们可以通过营造恰当的企业文化，运用正确的策略战术，不断促进人们提高这种能力。

只要条件允许，我从未错过任何一个机会，跟团队成员分享笑话，说一些反语来缓解紧张氛围，通过大笑消除紧张时刻。我使用社交媒体平台跟我的同事、合作伙伴以及未来可能加入我们的潜在人才交流，而且，我会不失时机地和他们分享有趣或搞笑的内容。我不仅通过自己的个人账号进行分享，也通过很多相对严肃的平台分享趣事。

我常利用微笑和享受这两种工具来让自己不那么严肃，

拉近与别人的距离，体现我人性化的一面。有时，这些东西可能会因为我的头衔、职位、形象和思想而无法展现出来，这对我来说也很有趣。

尽管微笑和享受是个人天赋，但作为公司的领导者，我尽我所能地创造可以促进这种集体文化的环境。我想要走进办公室，就能看到员工微笑，我想要他们自己尽情享受，我想要避开那种单调悲伤的工作环境，毕竟，在那种环境里，员工情绪低落，过于严肃。我充分意识到，微笑也标志着一种生产力、工作效率。只有那些热爱工作并享受其中的人才会发自内心地微笑。

在百事公司，我们一直保护并推崇这种积极的文化，而且我跟团队，特别是跟雷莎·金常常没完没了地谈起这个话题，并制定计划，为之努力。雷莎·金是公司的副总裁，负责商业、文化与战略转型，是我最信任的顾问之一。几年前，我们创办了文化俱乐部，由理查德·贝茨在日常设计工作之余领导。该俱乐部成员少而精，其任务旨在思考与制定能够塑造公司创意文化的举措。其中一个目标是经常为设计部策划娱乐活动，将学习和娱乐巧妙结合。我们组织了化装舞会、知识竞赛、保龄球锦标赛等，还一起玩过游乐园。我和我的领导团队一起坐热气球、划着小舟、骑着马旅行，见过许多美轮美奂的地方。我甚至学会了编织厚实的针织毛毯！在线上虚拟课堂里，我跟来自世界各地的设计师们一起学习，我可以在一个小时内织出一条毛毯，后来，我将它当作美好的节日礼物，送给了我的妻子卡洛塔。你也应该尝试一下，这很简单。

这就是我们所做的事情。我们做这一切都是为了快乐，也真的收获了快乐。我们从没有认为这些快乐时刻是理所应当的，因为我们知道出于一系列原因，跟同事一起组织这样的活动实属不易。

第一个困难在于，通常来说，你压根就不想跟同事一起度过休闲时光，虽然这一点令人遗憾，但它是很多公司内都存在的事实。这也正是我一直使用前面章节里提到的特征列表来筛选、聘用合作者的众多原因之一。如果你的团队成员开朗乐观，为人善良，真诚待人，慷慨大方，聪明睿智，幽默有趣，经常面带笑容，懂得享受，那么，你也会很享受跟他们在一起的时光。可是，如果你身边缺少这种性格的人，那么，对于你们当中的很多人来说，所有这些休闲时光，比如用餐、团建等，都会变成一种折磨，这对于企业来说也是一种损失。

另一个困难在于，一些人常常认为在工作中享受犯了大忌。他们扭曲且错误地认为，全年的工作时间是一定的，这些休闲时光可能会降低团队的生产力。可是，事实恰恰相反。那些远离工作一起享受真实生活的时刻不仅不代表损失，实际上还成倍放大了组织的生产力，有助于增强团队凝聚力，克服日常工作中的障碍，加深彼此间的信任（很多专业团队常常缺少这种信任），加速产生我们在复杂组织中工作所需的同理心、热情与灵感，并一起参与创新工作中。这些休闲时光提高了团队的生产力，促进了团队绩效的提升。

　　这确实不容易。为了创造这样的机会，你需要找到合适的人选，营造恰当的文化。我们还需要保护这种文化，日复一日，年复一年。让我们尝试做起来吧，这一切都值得，并且充满乐趣！

第**9**章

赋能：激发团队与个人的创新潜能

独角兽的赋能天赋是一系列特质，一方面赋予个人高效工作的必要特质，包括知识、文化和心态等；另一方面赋予个人动力与能量，让其无论是在商界还是日常生活，或是充满荆棘、未经探索的创新领域，都能不断前进。

独角兽好奇心强

有人问我灵感的来源时，我都会给出同样的答案：我从内心汲取灵感。我对周围的一切有种天生的好奇心。好奇心让我获得知识并激发灵感。独角兽好奇心强——这是独角兽的共同特征，也是最基本的特征。好奇心是一种欲望，让人仅仅为了求知，而主动去观察、了解、调查和质疑。"哲学"一词源自希腊语，意为"对知识的热爱"。了解了这个词，你就会发现，从某种意义上来说，好奇心是独角兽最具哲理的特质。

19 世纪，意大利诗人乔瓦尼·帕斯科利（Giovanni Pascoli）

在其儿童诗歌作品中具象化地描述了好奇心这种卓越能力。当我们还是孩童时，内心深处都住着一个孩子，但在我们成长的过程中，很多人渐渐失去了这个孩子。这个孩子让我们用天真无邪、诗情画意的心，始终保持着热情，来观察整个世界。

1993 年，我坐在瓦雷泽学校的课桌前学习，偶然见到了帕斯科利（Pascoli）和他内心深处的孩子。这给了我非凡的启示，让我突然意识到了自己内心深处的孩子蕴含的巨大力量。从那以后，我再也没有轻易抛弃过他，反而开始赞美、培养和保护他。我培养他的好奇心，赞美他的潜力，保护他免受岁月的侵蚀，让他免遭强加给我们的文化攻击，免受周围成年人口中所谓的常识影响。真正的好奇心，即内心孩子所拥有的好奇心，让我们用全新的视角欣赏周围的一切事物，不断开启新的体验。

例如，你可曾见过我们置身其中的微观世界的无限之美，可曾发现汇聚在自然中的无穷无尽的形式、颜色与图案，就摆在我们的眼前？通常，我们认为的海滩沙粒不只是沙粒，还是各种形状美丽、色彩奇特的小贝壳。它们那么渺小，小到迷失了自我，小到我们看都不看一眼，就认为那是沙粒，一无是处。你是否曾借助相机的微距镜头，近距离观察过一只蚂蚁、蜻蜓或者任何一只生活在草叶间的昆虫，发现它们的颜色竟然如此震撼，让人难以置信？你不需要到乡村田野里去发现这种奇观，即便是家门口的小片草丛都会给你带来意想不到的惊喜。你可曾见过毛毛虫优雅的蠕动，或者蜘蛛皮肤上的绝美图案？这些小蜘蛛大多看起来别无二致，都是棕黑色的。但是实际上，它们的腹部经过大自然的精致雕琢，蕴含着种种细节：蓝色、黄色、橙色、绿色相间，色调饱和，清晰可见。我们无法从远处见证这些杰作。我们对微观世界的美丽视而不见，不是因为这些生物跟我们相隔几英尺的距离，而是因为我们分了心，人为地造成了几光年的距离。我们不仅在大自然中面临着这种问题。

漫步在城市的高楼大厦之间，仿佛置身峡谷，你可曾抬头仰望过天空？纽约人常常只看重眼前，错过了很多建筑的奇妙外观、华丽装饰和新奇色彩。你只需要抬头望向天空，就会受到闪电般的冲击，每天处在兴奋中，欣赏每个新颖的细节、倾听全新的故事，感受全新的体验。然后，你只需要再次集中精力，环顾四周，就可以欣赏无数其他的细节，你会清晰地发现平时由于我们的粗心而忽略的美。停下脚步，仔细看看曼哈顿南街海港的沙井，上面雕刻着浮雕鱼。每一条鱼都是经过人们深思熟虑、构思设计而成的。每天，成千上万的人会踏着它们走过，他们甚至都没有注意到或者欣赏过这些奇景。或者，你可以放慢脚步，欣赏城市消防栓的形状与颜色。几年前，我拍摄了数百张消防栓的照片，它们点缀着美国纽约城的各大街道，它们的丰富多样让我惊讶不已。我兴奋于自己的发现，迫不及待地在社交媒体平台上发了一系列帖子来分享。我感叹于这些消防栓，毕竟，我以前在城市散步时已经见过它们上千次了，但我从未真正驻足，仔细认真地观察它们。我激动得像个小男孩一样！

我们的大脑有时懒散、困倦，有时过度活跃、心烦意乱。可是，当好奇心涌动时，大脑就会兴奋起来，集中精力，愈发狂热。我们每天都会遇见形形色色的人，每天与他们擦肩而过，这是再正常不过的事了。我们从未真正观察过他们，也不会问自己他们的行事缘由、穿衣风格，以及沟通方式。我们不仅这样对待过路人，也这样看待邻居、同事或熟人。很多时候，我们并没有真正了解过这些人，我们只浮于表面，并认为表面足以代表实质。

但事实上，每个人都像一本书、一部小说，而我们的生活就像一个迷宫般的巨大书店，在那里，我们每天都能在书架上看到成千上万本与众不同的书。可是，这些书常常只是静静待在书架上，沦为了我们的墙面装饰品。我们心不在焉地注视着书脊，有时还会通过封面判断它的好坏。大多数时候，我们压根不会驻足观赏书的封面，甚至阅读标题；我们更不会花时间翻阅图书，让自己沉浸在那些令人惊喜、发人深省的故事里。这些书仍然只是点缀我们世界的彩色斑点。

你可曾问过自己，为什么你认识的人比较害羞？害羞的背后到底是什么原因？是一种个人性格，还是一段改变了个人生活的经历？这个人需要帮助吗？又或者，这个人可以帮助我们这种过于外向活泼、喧嚣吵闹的人吗？为什么我们会说"你好"，然后挥手打招呼呢？为什么同一个手势在意大利和英国会有着截然不同的含义？你有没有像孩子一样，一遍又一遍地反复问自己"为什么？"这是一种非常强大的技巧，它会让你追溯每种行为的根源，抓住各种事件的起源。对世界保持好奇，多问为什么，不要把任何事情视为理所应当的，这是我一生中频繁使用的宝贵方法。

这种思维方式不仅有利于我的职业发展，还给我的个人生活带来了帮助。例如，当有人伤害我、让我失望或者抛弃我时，我会一直问自己："为什么？"我找到第一个答案，即最肤浅的原因后，我会再问自己一遍："为什么？"我就会找到更深一层的答案。之后，我会再问自己"为什么？"直到最终找到真正的原因。通常，在这种全新视角的深处，我已经意识到生活并不是故意将痛苦强加给我，或许，这只是某种行为的附带伤害。这种行为与我无关，或者始于其他一些与我无关的创伤或苦难。针对性地、有意伤害你的人与无意偶然伤害到你的人之间存在一个重大区别。后者更容易被理解、原谅和忘记。

考虑到这些根源时，我们就能更加高效地采取行动，做出回应。这一切都始于这种与生俱来的好奇心，这是一种永不满足的渴求，驱使我们想要理解、掌握和认知事物。对于任何想要成长、进步与创新的人来说，好奇心、尊重与同理心是一笔强大的财富。

永远不要为好奇心感到羞耻。太多人不敢询问"为什么？"他们害怕暴露自己学识不深，还有很多东西需要学习，特别是当他们负责管理工作或已经在生活中有所成就时。相反，智者知道自己的学识有限。据柏拉图所言，数千年前知识渊博的苏格拉底曾说过："我知道自己什么也不懂。"独角兽唯一担心的并不是暴露出才疏学浅后的尴尬，而是经过不耻下问和对话交流后仍无法掌握知识的无能为力。太多的人不明白，无论是从智力还是精神上来讲，怀着好奇心提出问题的这种能力是最伟大的智慧表现形式，既能够彰显出自信和自我意识，还可以极大地学到知识，推动知识传播。

缺乏好奇心的人就像一棵干枯的树木，日复一日，走向枯萎和消亡。缺乏好奇心会极大地阻碍创新。

独角兽为人谦虚，做事自信，具有自知之明

独角兽为人谦虚，这种谦虚源自他们内心的意识。他们能够意识到自己的局限和不足，避免自己跌入骄傲的深渊。他们是这样一类人：当遇到跟自己学识、能力不同的人时，他们不会将自己封闭在傲慢的盔甲中，不会害怕这种多样化对自我形象和地位的影响。相反，这会让他们认识到自己具有巨大的成长和改进潜力，可以超出极限，在舒适区之外不断探索。首先，傲慢并不是他们的本性，更不是他们的基本特质。这从未融入他们的基因里，也不曾编入他们的文化母体中。其次，他们明白，任何形式的屈尊俯就都是徒劳无益的。这非但不会孕育创新种子，反而会阻碍其发芽生长。为人谦虚让人们彼此关联，消除障碍，释放能量，坦诚内心，解放思想。

多年来，我遇到过很多傲慢无礼的人。起初，我常常怒发冲冠。但随着岁月的流逝和见识的增长，我逐渐意识到自己不会再因此感到愤怒，而是替他们感到难过。我也并没有展现

出傲慢，只是真诚地替他们惋惜。我明白这些人的傲慢正在消耗他们的潜力。我在跟傲慢的人相处时，几乎可以感受到空气中充斥着无数的知识和灵感，但是他们现在无法获得，以后也永远不会获得这些知识和灵感，因为他们受阻于骄傲的城墙，把懦弱和不安的自我都隐藏其后。

相反，我同样遇到过很多功成名就、为人谦虚的人。他们来自不同的领域，从音乐到设计，从商业到科学，从电影到时尚等。跟他们相处不断拓宽了我的心胸、思维和见识。他们给予了我很多启发！我一时难以言表。我在纽约就遇到过很多这样的情况，这座城市是世界上实验创新次数最多的城市，绝非偶然。我发现，这座城市的人普遍谦虚温和，至少在我所处的环境中，创新者、企业家、创意人才等这些独角兽都为人谦虚。这种谦虚源于自信，同时也认识到我们周围有很多人可能在某种程度上比我们更有趣、更富有、更有能力。这种意识并没有削弱独角兽的能力，反而让他们脱胎换骨，重新焕发活力，获得更多能量和动力——究其原因，他们并没有将这些人及其天赋视为威胁，而是当作绝佳的机会。有意识的谦虚是一种强大的工具，可以推动创新、发展和进步。

独角兽是贴心听众，但决策果断，行动迅速

独角兽懂得倾听。随着年龄的增长、地位的提升、生活的富足，我们越来越不愿意倾听，天知道自己犯了多少错误。

好奇心是沃土，让我们可以尽情播种知识的种子；好奇心是货币，我们可以用来购买尽可能多的种子；好奇心是浇灌种子的水源，是培育种子的肥料，是见证种子成长的眼睛，是享受果实的躯体。

相比于倾听，我又有多少次选择了分享和谈论？几年前，我终于明白了倾听跟分享同样重要。我必须迫使自己多多倾听，这样我才能汲取更多的能力，成长得更快。

从那时起，我越来越无法忍受那些单纯为了填补自己的空虚而喋喋不休的人。我实在无法理解他们，他们无论针对何种话题都有话可说，说起话来就像在会议中证明自己立场合法一样。试想一下，如果我们从社会中消除那些毫无意义的话语，我们的谈话将变得多么深入人心、富有成效。毕竟，毫无意义的话语只是机械地刺激了声带，并没有任何实际用处。我们所说的话不该是多余的，也不该毫无作用，只是为了炫耀自己的观点或证明自己的存在而进行分享。

倾听很宝贵。人活在世上，要学会多多倾听。倾听可以帮助你思考、反思和自我纠正，成就更好的自己。太多的人喜欢听到自己的声音充斥整个房间，触及内心不安全的灵魂，而不喜欢倾听别人讲述的内容。我喜欢倾听团队的声音，而且一直尝试着创造这样一种文化，即我周围的设计师可以自由地批判、反对或争论问题，分享自己的创意，特别是当他们与我存在分歧时。

但请注意，倾听并不意味着不行动。太多时候，太多人因倾听而麻痹了自我。他们听得太多，却不采取任何行动。于是，他们就陷入了"分析瘫痪"。很多组织都存在这种典型问题。在这些组织中，人们会推迟重要决定和关键活动，希望规避那些自己不愿承担的风险，渐渐淹没在对数据的过度思考和累积中。

倾听、观察、分析、学习，然后在某一刻做出决定，并采取行动，速度要快，准确性要高。进步、创新和成功跟这种准确把握时机，完美平衡倾听、决策和行动的能力直接相关。大型企业具有一个最为严重的结构性缺陷，那就是缺少敢于冒险决策并付诸行动的人。行动至关重要，速度同样必不可少。

我很早就明白了这个道理。我并不是在学校的黑板上或者公司的会议室里，而是在郊区的足球场上学会的。我利用一个完全出乎意料的类比，建立一个完全不可能的心理联系，将运动经历融入创新世界，来理解它。我刚过 20 岁时，在一个不错的球队里打球，这个球队的级别仅次于职业球队。我在米兰内洛训练时，偶尔会和 AC 米兰俱乐部打比赛，我们的球队成员都训练有素，每周定期训练四次，星期天还要参加比赛。当然，我们也有薪酬。简而言之，我们的训练方法与职业球队无异。可是，我们还是跟意大利甲级球队存在很大差距。毕竟，这是世界上实力最强的球队，而我们还是一支低级别球队。这种巨大差异可以用两个关键词来形容，即"行动"与"速度"。我发现自己面对着马尔蒂尼（Maldini）、阿尔贝蒂尼（Albertini）、科斯塔库塔（Costacurta）、博班（Boban）、威赫（Weah）时，他们触球、传球，在球场上跑动，然后射门。那速度简直令人惊叹。我不知道是我们看起来更像慢动作，还是他们开了二倍速。他们观察场地，确认对手和队友，思考如何盯防，决定踢球的方向，然后付诸行动，踢球射门。他们踢球的速度比我们快得多，但又相当精准。

我记得自己第一次意识到行动的重要性时，我的内心相当震惊。在米兰内洛球场上，你并不一定要聪明绝顶才能理解这个道理。对我们所有人来说，场上的差距显而易见。但在那一刻之前，我从未参透其中的奥秘，这可能是因为我没有机会在电视和体育场里将专业球员跟那些相比之下略显业余的球员进行比较。多年来，每当我思考战略、分析、决策、行动和速度这些概念时，我就意识到运动场上和商界中发生的事情十分类似。这两个世界都遵循着相同的规则：绝佳领导者能够完美把握时机，以非凡的速度进行倾听、思考、决策和行动。

创新者不仅拥有创意，还会下定决心，付诸实践，赶超他人，高效地研发产品，最终把创意推入市场。理想的公司不仅仅可以制定完美的战略，还能够保持非凡的速度，准确把握时机，随着市场与社会的发展，灵活调整战略。

倾听、决策和行动构成了神奇的三位一体。多年来，我经常会犯一个错误：尝试制定不必要的战略，放缓行事速度。同样，我还犯过另一种极端的错误：被迫匆忙行事，没有花费时间倾听，搞清楚事情缘由。找到平衡是伟大的思想家、战略家、指导者以及理想创新者独有的天赋。倾听是一种天赋，我们常常倾听自己和他人。确定决策时间是一门艺术，你要随着时间的推移和经验的增长不断完善它。快于他人行动的技能，要在辛苦训练和勤劳工作中铸就，要在不断失败和成功中磨炼。

独角兽开朗乐观，坚韧不拔

保持乐观可以减少复杂环境带来的各种压力，提高个人绩效。可是，我们自己也能从身体反应与心理感受中领悟到这一点。如果你保持开朗乐观的态度，你会更容易处理那些复杂琐碎的情况。在漫漫的人生旅程中，我们每个人必定会遇到各种挫折、阻碍与困难，这就是游戏的一环。如果我们决定一路创新，主动扭转现状，那么，这些阻碍就会在突然之间筑成高耸厚重的墙壁，让我们更加难以翻越。

如果你正在尝试一些前所未有的事情，那你肯定会遇到重重阻碍。但如果不迎难而上，你很可能会故步自封。可是，独角兽从不会轻言放弃，不会气馁。不管遇到了什么人或事，他们都会以一种从容坚定、持之以恒的乐观态度，义无反顾地勇往直前。乐观主义是他们能量的源泉，梦想的动力。我作为一名设计师，不停游走在陌生的商业世界里；作为一名创新者，不断提高着大众市场效率；作为一个小男孩，存活在成年人的世界里；作为一名出生在普通家庭的意大利人，晋升为美国公司的高层。在这期间，我也会遇到困难，惨遇冷脸相待，腹背受敌，遭到歧视和背叛。保持乐观、满腔热忱和坚持不懈成为我的基本品质，让我能够勇往直前，铸就了像坦克一样坚固的铠甲。

我不知有多少次因为生活的遭遇而怅然若失。可是，大多数时候，这些情绪上头后，会逐渐在几个小时或几天内烟消云散。这主要归功于两种能力。第一，乐观的力量。乐观让我时刻都在寻找积极的存在。即便我深陷危机，乐观也会让我始终看到杯子里还有半杯水；第二，梦想的力量。我一直坚持着自己的梦想。即便是在我人生中最黑暗的时刻，这些梦想总能给我指明道路，不会让我迷失方向。我一直呼吁人们面对纷繁复杂的世界，要有坚韧不拔之志。梦想与乐观的神奇结合，造就了我的坚韧。

我发现自己在应对困难时，常常利用一种技巧来激发内心的乐观，唤醒执着的梦想。我在脑海中幻想出一幅美妙的风景，随之踏上了一段发现之旅。在幻想中，随着时间的推移和事件的进展，一座山丘逐渐高耸起来。我们看着自己的处境，它仿佛是山谷，往上走 1000 步，万物尽收眼底。换句话说，我试着想象自己的道路，记住自己的起点，将目标置于地平线上，掌握自己已走的路径。你找准有利位置，加以反思和冥想，就可以看清一切。我们常常迷失在日常生活的广阔森林中，被特定事件的藤蔓缠住，被日常困难的泥泞阻挡，再也无法记住自己走过的旅程，无法欣赏此前走过的道路。最终，我们忘却了自己曾经取得的成就。这些进程和成果能给予你强大的力量，让你比以往更加热情激昂地向前迈进。看着地平线上的目标，你找到了动力，然后豁然开朗，沿着道路勇往直前。在这一点上，乐观和坚韧只是一种全新意识产生的结果。

视角无比宝贵，它让我们专注长远的旅程，而非眼前的阻碍。一旦你从某些角度来看待事物，你就会更易理解它，日常的阻碍、输掉的战斗以及意外的落空通常并不代表退步。事实上，它们不断推动着我们朝着终极目标前进。我从不吝于跟团队分享这种方法，特别是年轻成员，他们常常因为在前进的道路上遇到新的障碍和难关就变得垂头丧气。

让我列举一个具体例子来解释这种方法。思考一下，你有多少次提出了奇思妙想，却因为管理者目光短浅和胆怯懦弱而化为虚有。然后，这些管理者又根据你的理念，构思出一个折中平庸的点子，设计产品后推向市场。再想一下，你遇到过多少次这种情况：几个月后，竞争对手登场，推出了一款产品，并大获成功，但这款产品的构思和你最初的想法别无二致。直到这时，那些无法理解你最初想法的商业领袖及同事才可能会意识到，你所提出的创意才是绝佳的。有时，他们会直接向你承认这一点，大多数时候，他们心知肚明，但不会承认。

在过去的 25 年里，我遇到过很多次这种事情。如果一切风平浪静，那通常是因为我最初的想法并没有我想象中的那么出色。如果事情发生了，公司领导也明白了，你被拒的创意是成功之道，具有特殊的价值，这样可以极大地提高你的信誉，甚至给你带来更大的影响。如果管理者从一开始就接受了你的想法，并付诸实践，你或许都不会从中受益很多。从本质上讲，它证明了你本人和你的团队有能力发现创新机遇。即便是你的合作伙伴还没有发现，你也可以为你的合作伙伴提供另一双眼睛，然后你们相辅相成，互相成就，最终设计出理想的解决方案，这样他们就不会总是错失良机了。

然而，通常情况下，当我们深陷失败时，我们无法乐观地看待周遭的事物。我们似乎在不停退步，但实际上，我们一直在朝着目标前进。我们需要正确看待一切事物。

在一个极其复杂的世界里进行创新如同攀登珠穆朗玛峰。你从大本营开始爬到中间地带，此时你并不会立刻继续攀登，而是返回大本营休整，以便让身体获得更多的氧气，适应高海拔的恶劣条件。第二天，你会再攀登到另一个高度，然后返程回来。就这样，你连续攀登了几周，逐步提高上限，交替行进。在此期间，你不断在高低海拔之间来回往返。你可能会觉得自己在退步，但这些旅程是到达最终目的地的必然步骤。身体上的倒退是整体运动的组成部分，是实现最终目标的必经之路。可是，如果你无法从全局看待事物，包括整个旅程和最终目的地，那么，这些反向运动就只意味着倒退，仅此而已。

在个人生活和职业生涯中，当我们认为自己没有取得进步，反而在原有基础上不断退步时，我们就需要正确看待事物，明确最终目标，试着理解这段艰难道路究竟是如何帮助我们朝着梦想的方向不断前进的。通常来说，这段道路无比坎坷，难以理解。我们可以从这些艰难时刻中不断学习，并将其转化为旅程的一部分。从这个视角来看，我们可以汲取能量，以坚韧乐观的态度继续前进。

独角兽能够轻松适应不安的环境

独角兽能够轻松适应我所说的"悬浮状态"：他们对于变化能够从容应对。大多数人追求精准的定义，明确的角色和责任，他们喜欢贴标签，置身于界限分明的竞争环境。但是，独角兽更喜欢自己创造角色，设计行动领域。他们喜欢探索原始领域，能够在不断发展中找到安慰。显而易见，这远不只是一种天赋，因为这种人的本能有悖于我们对稳定和安全的共同追求。毕竟，追求稳定和安全才是我们的首要需求。对大多数人来说，动乱和危险让人不适，这是本性使然。

跟大多数人一样，我也喜欢确定性、稳定性和安全感带来的舒适。可是，我从来没有将安全和稳定视为最终港口。在那里，我可以停下脚步，愉快地坐下聊天。相反，对于我来说，安全和稳定更像是平台和跳板，让我可以在不同平台间来回跳跃。当然，这些平台都足够安全可靠。

个人、公司和社会的创新，往往出现在重大危急时刻。这需要人们鼓足勇气，保持乐观，具有远见，并在防护措施得当的前提下，克服恐惧，享受跃入天空的那一刻，将自己推向崭新的世界。这是创新的唯一动力，它定义了理想创新者。创新本身就伴随着变化。我们要想创新，就必须适应不安的环境。

独角兽是变革的推动者

独角兽痴迷于变革——变革本身不是目的，而是一种建设性的变化方式，旨在改善现状，谋求发展。独角兽的本性驱使他们分析周围世界，重新思考设计之法，力求完美无瑕。他们被一种积极的张力所激发，这种张力即柏拉图所谓的思想世界。在那里，一切事物绝对完美。创新者注定要在个人生活和工作中朝着这个目标无止境地前进下去。他们不断向前推进，旨在获得全新的直觉，追求智能的解决方案，创造更加美好的世界。

回顾我的一生，我在几年前就意识到，我从未制定过任何明确的目标，一个最终要实现的具体目标。每当我实现一个目标时，我就会意识到，这对我本人、团队、设计界以及公司来说，都只是暂时的，只是一个稳定牢固的发展平台。我需要从这些平台出发，奔向另一个目标，不断提高极限，继续沿着这段旅程前进，成就更好的未来。正因如此，我始终认为自己还在路上，从未真正"抵达"目的地。无论是现在还是未来，这段旅程永无止境，不会止于下一步。这个不断发展和进步的旅程，沿途会有新的挑战和机会涌现。

独角兽喜欢有意义的变革。他们是变革的倡导者和推动者，因为他们知道变革蕴含着进步的种子。

设计思维需要更多独角兽

拥有上述所有特质的独角兽，就是非常理想的人选。他们是我们向往的典范，是我们想要在日常生活和工作中努力效仿的榜样。独角兽的一系列天赋代表了创新者的思维、决策和行动方式。

相比之下，我们所说的以人为本的创新方式定义了理想创新者需要做的事情，即统筹同理心、战略与原型设计；平衡用户合意性、技术可能性与商业可行性；接受有意义的设计原则的启发。

为了成功实践以人为本的创新方式，你既需要知道自己该做什么，也需要知道自己该怎么做。你既需要采取设计驱动的流程，还需要拥有独角兽的聪明才智和渊博学识。这种创新方式之所以经常失败，是因为人们往往过于关注工具、流程和创新内容，却没有采取恰当的创新方式——换句话说，缺少合适的人才，无法集思广益，与用户感同身受，提出正确的问题，做出准确的回答，并设计和产出恰当的解决方案。

创新需要明确内容，讲究方法，这也解释了为什么设计师都接受过设计驱动的创新教育，但他们中的大多数人终究还是无法成为创新者。究其原因，他们接受过何为创新的教育，这给他们提供了一个重要的出发点，可是，这种教育并不能教会他们如何创新。

设计思维是成功执行以人为本的创新方式的基础，但这远远不够。成功的创新者是那些以独特和创新的方式使用设计思维的人，只有独角兽才能做到这一点。这种能力既源于天赋，也需要经过后天教育和培训加以提升。我们通常只能在学校中接受其中部分教育。培训则源于生活本身，即我们能够从偶然发生的事件、精心策划的会议、包容的工作环境以及正确的心态中不断提高这种能力。

第10章

挑战常规：创新者的不屈之路

　　成为独角兽是一件非常困难和劳累的事情。与众不同并不容易，不合常态也绝非易事。不断追求更美好的事物同样难上加难。

　　接下来，我想要通过我的个人经历跟你们讲述这种复杂性。于我个人而言，我一直试图成为一名独角兽，而且希望成长为我理想中最优秀的样子。我想要跟你们分享这种抗争，这种多维度的对立，以及我试图解决问题的方式。所有故事、回忆和轶事就像我口袋里随身携带的物品，我会直接掏出来与你们分享。

悬浮式生活：成为独角兽的难处

　　几年前，我的父母认识了一个人，现在我只能依稀想起他来。他叫罗伯托（Roberto），他是一名传教士。有时，他会来到我们家，听他跟我的父母闲聊真的相当有趣。一天晚上，我的哥哥、父母、罗伯托和我一起围坐在餐桌旁。罗伯托问了一个问题："你们能想象到的最远的距离是什么？"罗伯托给了我们一些时间来思考。你可能会觉得当下整个房间非常寂静，这是因为我们的大脑都在飞速旋转，寻找正确答案。

事实上，罗伯托并不想要什么答复。他正在制造一种悬念，然后很快结束这个话题。但后来，我决定跃入虚空，于是抛出了一个答案"人心之间的距离最遥远。"我说道。罗伯托吃惊地看向我，开始大笑着回道："没错，非常正确！"然后，他用手捋了捋我的头发，拨弄了下发梢，向我表示祝贺。我的父母很快注意到了罗伯托钦佩的表情，大受震惊，但很快就一脸自豪地看着我。我当时十六岁，而那一刻让我铭记于心。

我之所以记得那一刻，首先是因为我感受到了一个年轻人那种纯粹又真实的快乐。那种快乐源于我在父母面前给出了一个相当漂亮的答案，那种成年人才能想出的答案，而且，我还因此得到了在场专家的认可。当时，我正从青春期过渡到成熟期，那是我做出的第一个"成熟"的回答。它极具象征意义，是我在父母面前迈入成人世界的第一步。我们在婴儿时期何时迈出了身体的第一步，已经无从记起了。在文化上迈出的第一步对我有着同样神奇的意味。

我始终记得那一刻的第二个原因正是我给你们讲这个故事的原因。我在瓦雷泽读高中时，便开始涉猎哲学。我在哲学家的论述和思想中发现的那种不可避免的二元对立深深地震撼了我，人心之间的永恒对立同样也吸引着我。这种对立标志着数千年来人类思想的伟大流动。那天晚上，在布斯特切街区的那个小厨房里，罗伯托提出的问题触发了一种亲密又普遍的对立。这种对立由遭遇与冲突、科学与宗教、理性与感性之间的对比产生。这种对立贯穿我的一生。

我一生之中，常常满心热忱，有时也会悲苦不安，我一直悬浮在这两种维度之间，不断地调节和融合，感受它们的内在张力，学着控制、引导，并不断赋予其意义。重读完独角兽的那一系列天赋和优点清单，你会发现一个共同点：一切都存在对立，只不过独角兽试图通过创新这种行为加以解决罢了。

创新恰恰就是知道如何把握人类的理性与感性、需求与欲望，管理一条由直觉与理性构成的道路，最终，设想并产出解决方案，以满足人们的梦想和需求，完美平衡产品的形式和功能。

创新者生活在这两个区域之间。他们既理解它们，又热爱它们，还聪明睿智、富有热情地利用它们。他们能在这种对立之间找到理想的维度和绝佳的平衡。自从文明诞生以来，人类早在这种对立的激励下，展开了激烈的辩论。这种对立分裂了良知，冲击了历史本身，有时促进了进步，有时又阻碍了发展。相比于其他人，独角兽能够更好地处理这种二元对立，每天通过自己的想法、决策和行动来调节，并以和谐的方式化解这种对立。

可是，实现平衡并非易事。其中一个主要原因是，我们试图实现的平衡是一种完全动态的平衡，与我们所处的群体强加给我们的静态规范截然不同。真正的独角兽通常跟社会期望的或常规定义的标准大相径庭。他们生活在不同社会的边缘，那里有时竞相融合，有时文化多元，有时未经探索。在独角兽的一生中，这种与众不同可能会成为一种强大的竞争优势，让他们脱颖而出，成为成功人士，被人们认可和赞颂，可是，这种多样化也很可能给他们的个人成长带来苦难。这对于他们来说是一种惩罚，可能会让他们感到疏远、压抑和窒息。于是，社会一直在试图控制、规范和打压这种多样化。因此，如果独角兽能力有限，无法保护好这种多样化，或略显笨拙，不能发挥这种多样化的优势，甚至缺少抵制意识，那么，他们很可能会在周围体系的控制、规范和打压下，丧失掉原本的独特天赋。纵观一生，我也曾以不同的方式亲身经历过这种事情。

我在意大利北部长大。父母最初来自意大利城市罗马。我的母亲于 1946 年 5 月出生在罗马，父亲于 1943 年出生在托斯卡纳乡村，位于卢卡附近的阿尔托帕肖小镇。但不久之后，父亲一家便搬回了罗马，他是在那里长大成人的。小时候，我在一些罗马习语和口音的影响下，逐渐改掉了意大利北部口音。例如，我称"小刀"为"cortello"而不是"coltello"；称"小面包卷"为"rosetta"而不是"michetta"（这是瓦雷泽地区的叫法）。我把字母"s"读得像"z"，而且，我的元音发音带有明显的罗马色彩。这些发音对生活在意大利北部的人来说，既奇怪又搞笑。我见到朋友的父母时，竟然听不懂他们在说什么，因为他们常常说一种我难以理解的当地方言。在我看来，这种方言更像是法语，而不是意大利语。我的姑父伦佐

（Renzo）是米兰人。有一次圣诞节午餐时，他问我觉不觉得自己是地道的北部人。当时，我告诉他："我觉得自己并不是纯正的北部人或南部人，而是介于两者之间。"他对此感到震惊。的确，我既不来自意大利南部，也不来自罗马。罗马并非真正意义上的南部城市，罗马就是罗马，就像纽约就是纽约一样。毋庸置疑，我的确不是来自南部。我们在 7 月去拉齐奥沿岸的圣洛伦佐小镇度假时，我的北部口音如此明显，显得与周围的罗马口音格格不入。这提醒着我和我周围的世界：不管怎样，社会烙印和文化背景在很多方面都远胜过了基因。

我的出身跨越了不同文化，但又不真正属于任何一种文化。这无疑标志着我的早年生活和思维方式的与众不同，为我的余生提供了一个重要的发展模式。我完全能够轻松适应这些文化，不会因为缺少归属感而感到困扰。更好的是，我可能觉得自己属于某些独特文化的混合体，而它只属于我自己，其他人想得到都得不到。

也许是因为这种文化的多样化，也许是因为我的家庭教育，或者是因为我的遗传基因，抑或是因为这些因素的综合作用，甚至其他原因，我从小就常常发现自己不得不处理今天所说的"我对世界的不同看法"，大到重要决定，小到日常琐事。我有些看法与大众不谋而合，但另一些却格格不入。这些看法有时符合常态，有时却有悖常态。但这都是我的看法，只属于我自己的看法，永远都是如此。这不是计划或战略，我并没有刻意寻找、吹嘘或研究它，它就这样发生了，仅此而已。相比之下，我有自己看待事物的独特方式，也总能得到父母的支持和赞成。这种方式通常与众不同，有时是有意识的，有时是无意识的。

这种心态会以很多不同的方式表现出来，而且大多体现在细枝末节上。例如，我在很小的时候就开始用一种"不同寻常"的姿势握笔写字，即用中指和无名指握笔，而不是用食指和中指握笔。我开始这样握笔，而这正是我画画好的原因。多年来，我的绘画爱好得到了周围人的广泛认可，我也在学校的艺术课上获得了优异的成绩。我参加绘画比赛，有时还会获得冠军。我喜欢尝试不同的绘画材料，从石墨到水彩，从粉笔到油画颜料。我以玩乐为目的学习了烫花（一门用热金属在木头上烫出烧痕的艺术）。起初，我模仿父亲的做法，然后开始创新，在织物、皮革、夹克等物体的表面独立尝试运用这门技术，这样一来，我就成了家里的创新者。因为我喜欢画画，画画对我来说是自然而然的事情，所以我才画画。又有谁知道，我之所以喜欢画画，是因为我擅长画画，还是我之所以擅长画画，是因为我喜欢画画呢？或许，喜欢和擅长相互关联，不可分割。

我没有意识到这种握笔方式是"不正常"的，直到有一天，我清楚地记得，一件事给幼小的我带来了巨大的情感冲击，这种冲击至今深烙于心。那一天，我的母亲跟学校老师见完面后，又沮丧又愤怒地回到了家。原来会面期间，老师向我的母亲抱怨，为什么没有在我小的时候纠正我的握笔姿势。显而易见，我是一个没有得到父母良好管教的孩子。从正常角度来看，事情何尝不是如此呢？我的母亲将她的一生都奉献给了孩子。为了孩子，她牺牲了一切，包括她的工作。而且，她一生都在颂扬教育、文化和知识的价值。可是，她却收到了没有教育好我这样的批评。

"正常"由谁定义？

事实上，我母亲所做的事情只是没有按照社会想要强加给她的一系列规范来教育孩子罢了。她没有纠正我的握笔姿势。我的母亲跟我一样生性敏感，满心热忱，她感觉自己遭到了冒犯和攻击。在那一刻，她表现得平静而又端庄，但显然受到了伤害。这在我稚嫩的头脑和幼小的心灵中留下了深刻的印象。什么是正常？正常的握笔姿势是什么？谁来定义某种握笔姿势是不是正常？人们又为什么要采用同样的握笔姿势呢？制定规范是为了创造卓越，还是单纯以效率和稳定之名扼杀个性来获取一致性？

如果这种正常反而产出了平庸，那会怎么样呢？如果我用不同的握笔姿势轻松自然、毫不费力地创造出了优秀的作品，那我们为什么要将这种方式视作错误呢？

当时，我没有意识到这些本能反应会影响我的一生，但今天我比以往任何时候都更明白，这些都是我自己诠释世界的早期迹象，这种方式完全属于我自己，它再次悬浮在两者之间：一面是常态——我在很多方面都支持常态。我一直渴望融入常态，获得归属感；另一面是自己的独创观点——这有悖于本能。

真正神奇的是当我还是个孩子的时候，我在很大程度上没有意识到自己的观点如此与众不同、非同寻常，还可能有点独一无二：我的思维方式就是如此，这似乎是世界上最自然的事情。这意味着我不会试图改变，徒劳地寻找某种方式，接受并融入常态。最重要的是，这种无知让我心平气和，坚持独特。诗人贾科莫·莱奥帕尔迪（Giacomo Leopardi）写道："幸福在于对真理的无知。"我确实不知道自己的某些行为和观点有多么与众不同，但在生命的那个阶段，这对我帮助很大。我的家庭环境注重激发、保护和赞美这种独特的思维方式，就好像这是世界上最自然而然的心态一样，这让我内心平静，自然舒适。几十年后，我开始对这种多样化的意义有了全新的认识。这种全新的认识也培养了我的智慧，让我能够选择性忽视社会压力，再次保持内心平静。

我把手表戴在右手上而非左手上。起初，我这样做只是因为我发现戴在右手上更舒服。可是后来，它定义了我。我可能是唯一一个用这种"不正常"的方式戴手表的人。但是，我也会追求流行品牌推出的时尚鞋子和运动衫，因为我喜欢与众不同，也期待跟大众一样融入我们赖以生存的群体、社区和社会。

简单来说，反常就是我的常态。这是我想要做的事情，我不畏惧任何障碍。从那时起，我就一直追随着梦想，毫不犹豫地支持自己的愿望，就像一个无忧无虑的孩子一样，始终天真地相信一切皆有可能，坚持随心而为。随着岁月的流逝，现实生活让我变得理智，不再偏激地追求这种信念。可是，从情感上来说，我内心的火焰仍在熊熊燃烧，永不熄灭。在做梦和逐梦的路上，我们需要保持一定程度的无知和天真。

我还可以继续讲很多其他轶事，但重点都是一样的。从儿时起，我就一直舒适地处在一种成长状态中，我漂浮在不同世界之间，游走在反常与正常之间，跳跃在融入大众与特立独行之间，结合生活的方方面面，慎重地做出选择。它们定义了我，让我独一无二、与众不同，同时也让我融入社会，成为与社会群体不可分割的一部分。

多样化往往会加剧排斥和歧视。究其原因，人们常常害怕那些与众不同、不合常态的东西，倾向于规避多样化。我曾经有无数次因为自己的多样化而遭到嘲笑、冷落和遗忘。例如，当我还是个孩子时，意大利北部的居民就厌恶我这个来自南部的人。针对南部人的歧视是一种生活常态。面对这些困境，我做出了不同的甚至有些两极分化的反应。一方面，我一直利用一套方法和工具来解决这种对立，与所生活的世界建立联系；另一方面，我常常发现自己能轻松应对这种差异。我享受自己的多样化，享受一切让我独一无二、与众不同的事物。我不断寻求着多样化，我想要变得多样化。

显而易见，我从未遭受迫害，但某些少数群体却常常因为肤色、国籍或政治倾向、身体机能异常等遭到迫害。无论我走到哪一步，或处在哪个角落，我都不会为自己的生命担忧。可是，我在地域、文化和智力上的略微差异还是让我受到了攻击和冒犯，而这些都源于同一个文化矩阵，即无知和恐惧。

将多样化转变为竞争优势

为了更好地处理这些情况，我一直试图发挥所长，将自己的独特之处转变为潜在价值，展示真实方式，让我的多样化变成所处群体的独特优势。因此，这种多样化最终也会以某种方式成为我自己的独特优势。我在童年和青春期阶段不断培养自己的多样化，这让我能够在不安的状态下思考问题，学会接受他人的多样化，赞美自己的独特，以诚实的态度调查一切可能被认为反常的事情，树立别具匠心、独一无二的观点，然后通过开放、真实、透明的对话将自己的观点融入群体。多年来，随着意识的增强，我也将这种心态引入了商界。

如今，我已年过四十。我比以往任何时候都更加清楚地意识到，这种在不同维度之间悬浮的心态一直推动着我的职业发展。这种思维方式具有特殊的竞争优势。其中一个主要原因在于，在现代世界里，极少有人具备这种心态。阿根廷精神分析学家米格尔·贝纳萨雅（Miguel Benasayag）将我们生活的社会定义为"正常的独裁统治"。在那里，"每个人都想要变得正常，他们不会再尝试任何创造性的、令人快乐的活动"。贝纳萨雅的观点开明，我非常赞同。我们认为："问题在于普通人，我们需要解放他们。普通意味着被动，尽可能少地发挥作用。"贝纳萨雅在其著作《赞美冲突》(*Elogio del conflitto*)中写道："不可思议的心理学家大军想要将多元化转化为统一性"。可是，对于大多数心理学家来说，冲突与人类主体性的本质相同。

精神病学家贾恩卡洛·迪马齐奥 (Giancarlo Dimaggio) 在接受意大利杂志《七日》(*Sette*) 的采访时，将贝纳萨雅的理论与疯帽子 (Mad Hatter) 的台词联系了起来。疯帽子是一部迪士尼电影中的角色，该电影改编自路易斯·卡罗尔 (Lewis Carroll) 的《爱丽丝梦游仙境》。他对爱丽丝说道："你曾经更丰富，如今，你已经失去了你的丰富。"这个绝妙的词语蕴含着很多真理。我们都需要变得更加"丰富"，接受自己的"丰富"，而不是对此焦虑不安。我们应该将其当作一种成长、发现和进步的形式，欣赏集体的"丰富"，并将其视为社会财富，挖掘沟通潜力，激发集体灵感。这种"丰富"正是我们如今所说的"多样化"。

我 25 岁时，正式踏入职场。在此之前，我学习了很多基本课程，收获了重要的经验，具备了必要的智力和情感工具，为后续更自然地驾驭无限复杂的职业生活奠定了基础。回顾过去，我发现有一条重要的线索将我过去所经历的一切都串联了起来，这个连接一切的微妙线索就是悬浮理念。

我曾经悬浮在正常与独创之间，徘徊在不同文化和社会之间。我一直处于成长状态，总是不停地行进，沉迷于未知事物。我能在那些未经探索的领域里找到自己，定义自己的身份，表达自己对世界的看法，形成自己独特的现实依据。我一直悬浮在瓦雷泽与罗马之间，意大利与美国之间，设计与商业之间，统一性与多样化之间，正常与反常之间，创造与理性之间。我以错误的方式握笔绘画，将手表戴在右手上，生活在意大利北部却有着罗马口音，热爱田园生活却沉迷于城市的灯红酒绿。我带着这些经历自由行进。我之所以常常悬浮在对立之间，有时是因为偶然，有时是因为环境变化，但更多是因为自己有明确的计划。

很多人发现自己无法适应那种没有框架、变化莫测的环境，他们需要稳定的标签，一个安置自己的鸽子笼，一个心有所属的群体。我总是有一种生理需要，想要印证自己的标签，搭建自己的鸽子笼，打造自己的归属群体。而且，我总是从对立面来做这些事情。希腊哲学家赫拉克利特在公元5世纪指出："如果宇宙存在对立面，世界似乎无法自我调解，例如统一与多元、爱与恨、和平与战争、静止与运动，那么，我们就无法通过消除任何一方来实现对立和谐，只能让它们始终处于高度对立来谋求和谐。和谐不会缺席，只是对立平衡。"

在过去的 20 年里，我一直是一名不走寻常路的设计师，很长时间内都未曾得到设计界的充分理解。直到近几年，设计界才开始逐渐理解我、接纳我。究其原因，我始终徘徊在设计界与商界之间，很难识别并融入这两个专业领域的传统范畴。即使在今天，一些设计师还会忽略我所做的设计，仍错误地认为我是市场营销人员。可是，我当然不是传统的市场营销人员。在那些正派的市场营销人员看来，我是在他们世界里度假的外星人。即使我来自火星，但我会说他们的语言，所以，他们很喜欢我。我理解他们、欣赏他们，给予他们一系列实用创新的工具。

这种情况极具皮兰德娄式的戏剧风格：我是一个寻找作者的角色，也是一个冒充商人的设计师。最后，我始终是一名设计师，一名纯粹又真实的设计师。我从大脑到心灵的每个细胞都在散发着设计气息。可是，我一直游走在设计与商业之间，悬浮在一个未经开发的领域，试图同时为设计界和商界创造价值。我跟路伊吉·皮兰德娄（Luigi Pirandello）笔下的角色存在一个很大的区别，那就是我在悬浮维度上感觉良好——因为在这个维度里，他笔下的角色迷失了自我，我却找到了自我！

2018 年，伟大的意大利设计师，也是我的朋友，法比奥·诺文布雷在瓦雷泽接受我的采访时，用一个比喻定义了这个维度。那个比喻一直让我铭记于心。我将逐字逐句地引用他的话："莫洛的重要经验如下。对于我来说，你知道为什么他们说我是一名年轻设计师吗？那是因为我走了一条鲜有人走的路，而且我走得很好。人们认为我是一名伟大的设计师。可是，我走得是一条老路！莫洛跳脱出去寻找一条压根不存在的道路，就像在森林里开辟新的道路。这才是大事。你能想象一个年仅 27 岁的年轻人能在 3M 公司独辟蹊径吗？"

我会尽我所能教育我的孩子，让他们在成长过程中，沉迷于未知事物、发现、未经探索的领域以及悬浮文化。我会以身作则，传授经验，试着给他们一把虚拟砍刀，让他们用它穿过自己选择的丛林，开辟全新、未经探索的道路。我会远远地注视着他们，让他们自己不断尝试，允许跌倒和犯错，随时准备着在他们需要的时候提供帮助。我也会继续摸索自己的道路，在自己的丛林里不断开辟全新区域。悬浮、发现和未知是我不可避免的命运，在那里，我能够找到生存、快乐和飞翔所需的所有能量。

悬浮理念混合了"独角兽配方"的所有成分。在这种动态、持续和变化的悬浮里，我不停寻找自我，也发现了自己独特又鲜明的身份。

所有想要创新的人都需要在这种持续的停留状态中找到自在。我想对每天都处在这种状态的人说：不要害怕，不要逃避，不要屈服于社会压力。当今社会总想要你变得正常，控制住你，强迫给你下定义，贴上标签，让你进入一种广为接受、共享的维度里。不要害怕活在悬浮状态里，不要害怕与众不同。我想对公司、群体或团队的领导者以及所有想要创新的人说："记得追寻非同寻常，找到悬浮状态，让自己变得更加多样化。请学着赞美、培养、放大它。"

你能通过教育把马训练成独角兽吗？

前文分享的很多轶事都聚焦我的早年生活。它们讲述了一种成为独角兽的趋势。尽管如此，特别是在那些年间我所沉浸的家庭文化与社会背景的影响下，这种趋势应运而生，经过不断引导与塑造而成。

随着时间的推移，我发现自己在无数背景各异的场合中，以截然不同的方式讲述着独角兽的天赋。人们常常问我一些问题，你们中一些人在阅读这本书时可能也会问自己这些问题：我们可不可能通过教育，培养出独角兽？你能够训练独角兽吗？换句话说，我们是否可能找到一群人，采取战略和系统的方式指导他们，让他们成为独角兽？

我的回答始终如一：一切皆有可能。纯粹真实的独角兽拥有本书中分享的一长串个人天赋，并能以一种非同寻常的方式彰显他们的价值。在某种程度上，成为独角兽也是一种天赋。因此，从某种程度上来说，有的人天生就是独角兽。然而，这并不意味着，如果一个人不是天生的独角兽，就无法通过努力成为独角兽。这只能说明，如果一个人不是天生的独角兽，那么，他从一开始就不具备独角兽进行非凡创新的那些所有特征。

成为独角兽需要天赋，就像在体育界。马拉多纳和罗纳尔多天生就是运动员。无论我怎么训练，都很难或压根儿不可能达到这些体育界超级明星的成就。这同样适用于商界：史蒂夫·乔布斯、亨利·福特、理查德·布兰森、杰夫·贝佐斯、比尔·盖茨都是天生的创新者。

就独角兽而言，这些特征嵌在他们自己的遗传基因里。但在他们刚踏上世界旅程时，有些特征还不够完善，而其他特征早迸发能量。有些不受控制地爆发实现了卓越，有些则是灵光一现，另一些还在沉寂，等待着被激发出无限潜能。教育和训练可以控制和唤醒这些特征。因此，教育和训练至关重要。

明确地说，一个人无论是否拥有这些天赋，都需要经过教育和训练。如果你立志成为独角兽，但天生不具备那些特征，只要你拥有正确的动机，经过了专业的训练，你就可能成为独角兽。相比之下，如果你是天生的独角兽，却没有经过良好的教育来运用这些天赋，那么你可能会略逊一筹。

为了避免混淆，我需要明确一点，我不是说缺乏天赋的足球运动员可以通过良好的训练成为马拉多纳。普通人无法仅仅通过后天训练就达到马拉多纳的成就。可是，普通的足球运动员可以通过适当的训练和努力，比那些天资聪颖却从不训练或努力的运动员踢得更令人满意，最终表现得更出色。

让我们试着更详细地理解一下这个逻辑。教育具有三个主要功能：产生意识、培养天赋、保持状态。

产生意识

首先，教育唤醒意识：它让独角兽意识到某些天赋的作用，否则，人们可能认为这是理所当然的。万一独角兽没有意识到自己具备一些天赋，教育可以让他们清楚意识到这一点。

这种情况就像是一个控球精湛、视野清晰的年轻的足球运动员的情况。在他小时候他就觉得其他孩子同样可以完美控球，在球场上保持视野清晰。直到他首次加入球队参与训练时，教练指出他天资聪颖，他才意识到这一点。参加比赛更是基因与教育、天赋与经验、天赋与努力之间并不存在对立。你需要两者兼得。

让他意识到自己的价值以及这种价值如何产生影响：训练给了他一个衡量自己的标准，让他清楚意识到自己的独特天赋。

这同样适用于下列人群：他们天生具有同理心，却没有意识到这种能力的非凡价值。他们第一眼就能看透人心，注意到人们的表情反应、情绪变化以及他们在当下发挥的作用，关注在任何特定时刻下人与人之间建立的社会关系。然后，他们经过生活的磨炼，或者遇到了教练，便慢慢明白了这些天赋的非凡价值以及它们对创新的深刻意义。这些天赋是宝贵的工具，能够帮助我们理解研究对象、项目合作伙伴等。

产生意识是一个基本步骤。究其原因，它允许独角兽更加有意识地关注自己的才能，进而不断培养、成倍放大它们。

培养天赋

其次，培养、调整与完善这些天赋。

脚法良好的足球运动员一次又一次地训练，持续提高球技，系统调整技巧，不断接近完美。

独角兽能够自然地将愿景与执行、梦想和行动结合在一起，同时通过训练和教育，达成这种平衡，了解敏捷高效的行动方式，准确把握时机，确定节奏，调整频率。

保持状态

最后，持续训练和学习是必不可少的，能够最大限度地保持这些天赋。要做到这一点，你就需要明白，人生是一场永无止境的学习之旅。我们一生都必须像学生一样行为处事。

足球运动员一直在保持着自己的天赋。他们通过每天训练来保持状态、提高球技，追求最佳表现。独角兽也是如此。他们始终保持着好奇心，不断阅读与学习，保持信息灵通，持续倾听和思考，随着时间的推移，持续渐进地完善大自然母亲赋予的每一种天赋。

卡罗尔·德威克（Carol S. Dweck）在其著作《终身成长：重新定义成功的思维模式》（*Mindset: The New Psychology of Success*）中使用一个非常有力的术语定义了这种行为与思维方式，她称其为成长心态。具备成长心态的人即便缺少非凡的天赋，也能够超越那些天资聪颖却缺乏成长心态的人。人们通过个人意识，认真培养和保持他们的天赋，同样可以达到最佳效果。

法国心理学家阿尔弗雷德·比奈（Alfred Binet）发明了智商测试。他曾经告诫世人一个简单真理：有的人在离世时拥有了最高智商，但他们并非生来就聪明绝顶。这个真理同样适用于独角兽。基因与教育、天赋与努力之间并不存在对立，你需要两者兼得。天赋、基因和天性从社会背景和社会互动中汲取灵感。毕竟，社会背景和社会互动激发了它们，唤醒了它们，使它们不断成熟、成长和进步。天资聪颖却缺乏学习心态的独角兽最终将无法充分发挥自身所长，而那些天生底子差的人运用正确的经验，下定决心，投入时间与精力，专注成长，终将超越前者，大获成功。具备成长心态的独角兽爆发力强，技能全面。

最后，我需要强调一点：独角兽是一种雄心壮志，一种张力，一种对理想形象的渴望。我们再回到体育界，罗纳尔多、塞雷娜·威廉姆斯、汤姆·布雷迪、魔术师约翰逊和沙奇·德鲁卡都不是百分百的独角兽。可是，他们比体育界的其他运动员更接近独角兽的状态。他们身边有很多独角兽。这些独角兽活跃在欧冠、美国职业篮球联赛、国家美式橄榄球联盟、大满贯（Grand Slam）、板球世界杯（Cricket World Cup）中，表现出色，但从未声称自己是超级明星。他们是70%、80%或90%的独角兽。换句话说，我们不需要每个人都成为马拉多纳或乔布斯。即使我们不是完美的独角兽，我们也可以成为不可思议的创新者。重要的是，我们要具备一些基本特征，然后通过不断训练，保持勇气、热情和付出，不断朝着完美迈进。

然而，在前面列出的独角兽天赋中，无论扮演何种角色，有两种天赋需要成为每个人的标准，那就是为人善良和真诚待人。如果世界上的所有公司，无论大还是小，国有还是私有，都遵循这些价值观，那么，我们将拥有更加高效的企业、更加成功的业务和更加幸福的社会。我们的学校不仅需要教授数学、文学、地理、哲学、物理、金融等科目，还需要教育学生为人善良，真诚待人。此外，学校还应该教导学生拥有梦想，保持好奇心，产生同理心，付诸实践，尊重他人，坚韧不拔，善于讲述故事以及成为独角兽的所有其他天赋。学校不应该突发奇想，依靠少数杰出教师来树立榜样，而是应该深思熟虑地采用系统化的方式，利用教科书和研讨会，帮助学生和教师自己提高对这些美德价值的认识。这种教育方法将为公司乃至社会培养出更多领导者，并为社会进步创造更好的条件。

第**11**章　意外的启迪：导师与创新的奇妙邂逅

到目前为止，我们已经谈到了两类特殊角色：第一，创新过程的服务对象；第二，创新过程的推动者——独角兽。然而，创新过程中还存在第三类角色，他们在独角兽的生活中起着另外一个重要作用。这类角色平易近人，任何人都能决定在跟其他人的日常互动中担任这类角色。这类角色促人成长，能够成倍地增加公司乃至世界上独角兽的数量。而且，这类角色极其重要，这类角色就是导师。

理想的元老级导师

就我个人而言，我从来没有正式的导师。可是，纵观一生，我遇到了数十位了不起的导师，尽管他们往往没有意识到自己正在为我履行着导师的职责。他们中一些人是老板，一些是朋友与亲人，还有些是同事，另外一些是在时空上距离我很遥远的人物。我一直致力于寻找那些特别能鼓舞人心的人，然后在可行的情况下，通过观察、倾听、学习、解读他们，与他们进行交流，想方设法地汲取精华。起初，我是无意识地在做这件事，但后来，我开始变得越来越有谋略。例如，如果有人特别擅长沟通、讲故事，我会试着了解他；如果有人是富有魅力的领导者，那他可能会成为我在提高领导力方面的导师；如果有人是出色的平面设计师或排版专家，我也会让他教授我相关方面的知识。

这些导师具有全面的卓越品质，因此，他们成为我的最高级别导师，即元老级导师，也就是理想的导师。我一直渴望成为这类人。完美、完全幻想中的导师与元老级导师之间的巨大区别在于，即便元老级导师也是幻想中存在的人物，可是他们也是有血有肉的真实人物，平易近人，容易接触。你可以寻求他们的帮助，在实际生活和工作中跟他们具体互动。

很多帮助我培养个人超能力的导师都是我一路走来遇到的人，是不为大众所知的朋友和熟人。可是在我的人生道路上，我也有幸跟一些声名显赫的人成为朋友。他们以非凡的成就重塑了自己所在的行业，以与众不同、独一无二的方式创造了历史，也因此变得举世闻名。他们同样也是我的导师。

他们常常与我互动交流，在我的精神深处烙下了印记。在我所认识的人中，一些人十分谦虚；一些人心地善良；一些人痴迷试验；一些人慷慨大方；一些人在艺术与商业之间找到了完美的平衡；一些人思想深邃；一些人富有好奇心；一些人积极乐观。总的来说，我的元老级导师体现了独角兽应有的每一项才能。

现在试想一下，一个人具备了所有这些天赋，并将其发挥得淋漓尽致。要找到这样的人相当困难，或许压根就不可能。可是，你更有可能在周围人、朋友和熟人身上找到这些特质。你周围的每个人都可能拥有其中一种或多种特质，而且还达到了巅峰。你只要睁开双眼，集中精力，做好心理准备，就能寻找到他们。

试着观察你每天接触的人或者在你一生中接触到的其他人，在他们身上寻找和识别这些超能力，意识到这些人散发着耀眼光芒，然后从他们身上汲取能量。所有这些人的结合体就是我所说的理想的元老级导师。这些人没有意识到这一点，可是，我一直在研究他们，观察他们，吸收他们的能量，向他们学习，以此来获得灵感。我在他们身上至少发现了一种发挥到极致的特征，而这也成为我对相应天赋的参照坐标以及不断地衡量自己的标准。我在跟他们每个人进行对话时，常常会提问题，他们也会耐心地为我解答，这都在指导着我的行为处事。

渗透型导师

这些元老级导师具有独特天赋。他们从远处不断激励着我，不断在身体上或情感上向我靠近，让我有可能跟他们进行交流。可是，我们没有特权与他们每个人展开密集的日常互动。相反，我们通常与我们的家人、密友或同事一起度过更长的时间。我们每天都跟他们交流，我们的关系也更加紧密。他们可以在潜移默化之间，通过思想和行为有机地、持续地激励我们，日复一日地改变我们的思想，有时，这些人也会演变成传统导师，承担正式的角色。其他时候，我喜欢称他们为渗透型导师。

毫无疑问，我的第一个渗透型导师是我的父母。尽管方式不同，但这对每个人来说可能都是如此。我的父母教会了我基本的价值观。他们用自己在艺术和写作方面的创造力启迪着我。我的父母并不崇拜金钱和功名，他们既不赞颂也不贬低财富和名誉，甚至根本就没考虑过这些。或许，他们害怕追求金钱和功名，在某种程度上认为这些东西会对自己的儿子造成威胁。在他们的心里，财富与名誉伴随着风险，这种风险会让人丧失道德。他们通过自己的行为、信念和热情潜移默化地影响着我，从不给我施加任何压力，只是根据他们自己的生活经历向我传授经验。

我的妻子卡洛塔是我的另一位导师。她教给了我一些纯粹、传统的价值观。我们的祖父母乃至很久以前的人都持有这些价值观，而如今的现代人几乎早已摒弃了它们。

我的哥哥斯特凡诺每天都提醒我谦虚与创造力的重要性。他是我见过的最为谦虚、杰出的设计师。他不断创造、试验和发明，始终感激它们带来的无限可能，他总能把思维机敏、实用主义和幻想结合在一起。

我在创新领域里最重要的一位渗透型导师就是伟大的克

劳迪奥·切切托（Claudio Cecchetto）。他真的给我的人生带来了深远影响。请让我牵起你的手，带你回到我的过去。我希望你了解我的过去，然后更清晰地体会到克劳迪奥这类导师的重要性、影响力以及让这些教诲在心中生根的必要条件。

一个转折点

克劳迪奥·切切托是一位意大利名人，他是 DJ、歌手、制作人、两个知名广播频道"音乐广播"（Radio Deejay）和"首都广播"（Radio Capital）的创始人、电视节目主持人。此外，他还发现和培养了众多明星，包括主持人、歌手、音乐家等。

我是在 2000 年认识他的。那也是我人生的一个重要转折点——我刚从大学毕业，怀揣着梦想，心里蕴藏着巨大能量，在学习和工作中来回转换。有一天，就像往常一样，我意外接到了朋友菲利波（Filippo）打来的电话。他以前的一个同事现在是克劳迪奥的助理，可以为我们组织一次见面会。

作为热情澎湃的 20 多岁的年轻人，我们的想法非常简单，到那里获得一个亲笔签名，然后跟明星喝上一杯，毕竟之前我们只在电视屏幕上见过明星。于是，我们欣然参加了这个会议，很多人可能也会这么做。但是我们决定做些与众不同的事情。我们打算给他提议一个项目。菲利波是一名工程师，我们决定再邀请两位设计师朋友，这样就能涵盖整个项目所需的不同技能。

那时候，克劳迪奥正在投资数字领域，他一直是这方面的先锋，而且刚刚跟提斯卡利公司（Tiscali）的创始人兼所有者雷纳托·索鲁（Renato Soru）达成合作。当时，提斯卡利公司是欧洲最重要的互联网服务商之一。我们年纪轻轻，能够熟练使用最先进的 3D 建模和数字设计软件。我们就是带着这样一个简单有力的想法，去了克劳迪奥位于米兰梅达的梦想之家。将 3D 建模应用于网页导航，彻底改变克劳迪奥网站的用户体验。我们通过演示跟他分享了这个想法，这个演示充满渲染和动画，足以说明一切。

我记得刚走进他家的大厅，映入眼帘的是一个巨大的屏幕，覆盖住了中间的墙壁，两侧耸出两个扬声器，一张长长的玻璃桌子占据了房间的大部分位置。克劳迪奥坐在中间，我们围着他坐下来，四个年轻人就这样闯入了意大利娱乐之王的宫廷里。可是，克劳迪奥作为一位经验丰富、才华横溢的星探，看到的不仅仅是这四个年轻人。他并没有草率地判断我们这四个毫无经验的年轻人，或者像许多成功人士一样用那种势利眼看低我们。相反，他带着创新者的好奇心、探索者的智慧眼光看待我们。

克劳迪奥对那些有才华的人以及他们能发挥出的神奇影响力有着独特的见解。这些人在社会的大草原上自由漫游，大多数人视而不见，直到思想开明的人发现他们，看到他们拥有的超能力，然后给他们提供平台来表现自我，将他们变成宝贵资源——这离不开发现者的超能力。那天，克劳迪奥认真看了我们展示的项目，但他可能对项目本身并不怎么感兴趣。相反，他看到了四个满心热忱、想法丰富的年轻人，还发现这些年轻人竟然能够熟练利用他刚刚探索的新型数字世界里的各种先进技术。

正如亚里士多德所说，克劳迪奥看到了潜力，也有能力将其转变为现实。

克劳迪奥热衷于实现潜力：这是他一生践行的目标，也是他获得财富的基础。他起初是为了自己工作，后来他开始跟其他人合作。这些人必须能够给他的工作带来积极影响。因此，在他的一生中，他发现并提拔了很多人，每次都会提出问题和建议。他也向我们提出了一个问题和建议。这个问题非常简单："你是做什么的？"我和斯特凡诺都在米兰飞利浦设计公司工作。菲利波在一家医疗公司工作。马里亚诺（Mariano）是一名顾问。但是我们告诉他，我们要合作创立一家工作室。我忘记是谁说得那些话了，但我想我们当中没有人对此感到惊讶，就算我们还没有认真讨论过这个问题，但这可能是我们几个人心之所向的梦想。克劳迪奥回应得更加简单快速，而且意图明显。可是，他的回应在当时对于我们这四个年轻人来说简直难以置信，他说："我们一起创办这个工作室吧。"

一个月后，我们正式签署了合同，我们跟克劳迪奥一起创办的代理公司正式诞生了，名为怀斯曼，位于米兰市中心，公司设有游泳池、花园和音乐工作室，这简直就是我的梦想之地。我记得自己当时满怀热情地回到家里把这个消息告诉了父母。这对于四个来自意大利郊区的孩子来说，完全是一个梦。

公司业务只持续了几年，毕竟当时在没有获得大量资金支持的情况下，我们也只能维持运营这么几年了。我们在完全混乱的互联网创业时期过早地飞了起来。

然而，那几年对我来说是有关人生和商业的特殊教育，克劳迪奥也成为我最重要的导师之一。没有那些年的经历，就没有今天的我。这次非同寻常的教育也成为我赖以生存的标准。作为来自郊区、向往探索世界的年轻人，我和我的朋友能够与一群名人展开合作，我们非常满足。从流行乐队 883 的专辑内容制作到乔瓦诺蒂的网站设计，我们开展的这些项目都令人兴奋、饶有趣味、激动人心。

但对于克劳迪奥来说，这些项目都平平无奇。我们每天都在那栋办公楼里见到他，跟他一起工作、交流梦想。他每天都以各种方式强调着同一件事情："我们需要创造一些前所未有的东西。我不希望怀斯曼只是单纯提供设计服务。我不关心这个。怀斯曼需要产出能够改变世界的全新创意。"

有人很容易把他的行为解释为痴心妄想，认为我们完全可以继续享受现有项目带来的满足感。我反而从中看到了曙光。克劳迪奥的思考和行为方式给我打开了一个全新世界。从此，通往世界的大门将始终为我敞开。克劳迪奥在那两年里从来没有说过"创新"这个词，而是坚持教会我创新的真谛，绝不是偶然或顺带这么做的。在我的一生中，他带给我的榜样力量和影响，无人能够复制。

他通过自身的行为、思考方式与工作方式，袒露自己的想法，与我们积极交流，在潜移默化中教给我很多有关创新的东西。克劳迪奥对创新产生了浓厚的兴趣，他沉迷于创新，这也是他过去乃至现在最美好的特质之一。大到项目，小到日常活动，他都会思考如何用一种与众不同的方式来完成。这种方式既要不同于过去的做法，也要有别于现有的做法。一旦实现了小目标，他就会思考下一步。这是一种持续保持张力的状态。再次引用意大利伟大诗人贾科莫·莱奥帕尔迪的话："他一直活在'村庄星期六晚上'的气氛里。"克劳迪奥喜欢准备宴会的过程，而不喜欢宴会本身。创新旅程令他激动和兴奋。这就是他存在的理由，就好像上帝创造他不是让他来管理创新结果，提高工作效率的，而是让他来继续创造，总是朝着崭新的星期天前进。当星期天来临时，他已经开始思考下个星期六和下个星期天了。

创新是一种心态

我从克劳迪奥身上学到的一个最为重要的理念是：创新首先是一种心态。在创新成为一种战略、项目或流程之前，它还是你脑海里的一种想法，一种刻进基因里的思考和行事方式。你只要在个人生活和工作中每时每刻都尝试创新，你就会惊讶地发现，你只需要付出简单努力来要求自己以不同的方式思考，这与重复别人做过的事情相比，无须付出过多的精力，它只需要你改变看待事物的方式而已。

在过去的 25 年里，我经常听专家用一种博学、成熟的方式谈论创新。我已经阅读了很多创新主题的书籍，书中都涵盖了大量想法和工具。我曾经跟顾问合作过，他们拿着数百万美金的薪水，比其他人更擅长滔滔不绝地谈论战略和流程问题。很多专家和理论家语言精练、思维敏捷，但他们存在一个很大的问题，即他们中很少有人真的在生活中尝试过创新。他们的血液里都缺少创新。他们谈论创新，却没有真正尝试过创新。当尝试创新时，他们常常失败。多年来，我非常反感这些缺乏实践经验的演说家，他们只是夸夸其谈，但不付诸行动，总是躲在流程、框架、数字和数据的背后。等到他们不得不每天将这些想法付诸实践时，他们就会陷入困境。

克劳迪奥以身作则，实践创新，但从不谈论创新。所以，开诚布公地讲，我认为，知道如何阐明创新价值、理论和实践的能力是一种非常重要的天赋，尤其是在大公司里。究其原因，这给创新者提供了一种基本工具，便于他们与潜在合作伙伴、赞助商、投资者沟通，从而达成合作，谈成赞助，赢得投资。可是，这些天赋必须跟真正的创新能力相匹配，通过本能与愿景、实践与经历，不断尝试和学习，来放大它们的价值。我发现，这些演讲往往太过肤浅，常常产生负面影响，缺少任何实质内容，导致整个组织决策失误，踏上错误的创新过程。

多年来，我们跟克劳迪奥合作了很多独一无二、饶有趣味的项目。其中最重要的项目是能量银行（Energybank）——一家拥有自己发行的货币的虚拟银行。这种货币虽然是数字化货币，但相当实用，可以在互联网上使用。这家银行见证了电子商务的力量和潜力——比如，贝宝（PayPal，全球最大的在线支付平台）、苹果支付（Apple Pay）等其他在线支付平台，促进了网上购物的发展。当时是 2000 年，一切都为时过早了。创新既需要好创意也需要好时机。我们不能过早或过晚地推出创意。有时，我们可以通过预测或推迟某个既定创意的上市来把握时机。可是，如果预期是十年甚至十几年，那么我们就不必做任何事情了。想法绝对是正确的，但时机完全错了。

我和克劳迪奥一起梦想、尝试和成长。一路走来，我积累了许多实践知识，学到了全新的工具来设计网站，制作动画，编写代码，进行 3D 建模。在当时，这些都是相当实用的技能，可是如果你不勤加练习，这些技能就会随着时间的推移变得一无是处。毕竟，新软件和技术一直在光速般地更新换代。我们不应该把自己局限于只学会一种工具。相反，我们应该掌握学习一种思维方式和方法。这是我们能赋予自己的最宝贵礼物：就业能力，即一种坚持学习，灵活改变自己，不断在就业市场中重新定位自己的能力。无论我们拥有什么特定的技术和经验，这种天赋都能成为一种重要财富。

在那些年里，我不断丰富了自己的产品设计经验，果断尝试互联网领域的各种数字技术。与此同时，我一直推进着自己穿戴式技术的项目。这是我跟时尚品牌和技术公司一起合作的项目，我也将其写进了我在米兰理工大学的毕业论文里。我不断与娱乐界的名人产生积极碰撞。随着时间的推移，这些经历都让我受益匪浅。所有这些都是我极其宝贵的经验，让我成长为一名具有全局意识的设计师。因此，我总是以热情和开放的心态面对一切。

在那些年里，克劳迪奥给予了我一个最伟大的礼物，它比这一切都珍贵得多。克劳迪奥教会了我以创新者的身份思考问题。从那时起，每当一项全新企划开始实施时，我总会问自己同样一个问题："我能做些什么前无古人的事情呢？"无论是小型平面设计项目，还是突破性的创新项目，我总会扪心自问，思考如何才能设计出一些出人意料的非凡产品。这里的"人"指的是终端用户和客户，也包括我的上司、投资者、赞助商、新闻媒体、外界以及我周围的任何人。这种做法也同样适用于我的个人生活。

这就是克劳迪奥教会我的事情。他通过实践启发我，唤醒了我体内沉睡的意识，使其随意偶然地展现出来。克劳迪奥在无意间成为我的导师，让他的学生也无意识地获得了创新意识。意识一旦被激活，它就会永远伴随我们左右。

虚拟导师

在认识克劳迪奥的前几年，我还遇到了另一个对我个人成长至关重要的人。他一直都是我的导师，但以完全不同于克劳迪奥的方式教导着我。我想告诉你这个人的情况、角色及其对我生活的影响。请让我再次牵起你的手，跟我一起深入了解我的过去，就像了解克劳迪奥那样。这个人就是斯特凡诺·马尔扎诺（Stefano Marzano）。

1995 年夏天，我遇见了他。当时，我刚 20 岁。那天，我乘坐公共汽车到瓦雷泽市中心的庞蒂吉亚书店下车，然后换乘到我生活的布斯特切街区。几分钟前，我接到了高中朋友瓦伦蒂娜（Valentina）的电话。瓦伦蒂娜知道我刚来到米兰理工大学学习设计。几个月前，她告诉我她的父亲认识一位知名设计师，正在负责电子消费行业的很多有趣项目。她说的就是斯特凡诺·马尔扎诺。

我在学校里听说了斯特凡诺的"传奇"，他是飞利浦设计公司的全球设计主管。这是一家非常著名的荷兰公司。虽然我从未亲眼见过他，但我对他的作品了如指掌，教授与我们分享了他的项目，以此作为战略启蒙的具体例证，还高度赞扬了他的创新方法。斯特凡诺被公认为创意领导者的典范，能够将大型企业与最具远见和人性化的设计方法结合起来，获得一种兼具同理心和情感的创新方法。在那些年里，斯特凡诺成为很多设计师的标杆，也变成了设计界的名人，一个能够激励人心，让你渴望效仿的榜样。

当瓦伦蒂娜告诉我她认识斯特凡诺时，我激动得眼睛都要跳出来了。我向她解释了斯特凡诺对我们设计师的重要意义，她听了也眼前一亮。在此之前，她只把斯特凡诺当作家里的朋友，跟任何其他人别无两样。如今，她对斯特凡诺刮目相看。令人着迷的是，我们可以将自己的视角与他人的视角融合，产生一个完全意想不到的第三方视角，这不仅丰富了我们自己，也提供了全新的想法。此刻，你可以再次发现多元化想法蕴含着强大力量，发挥着巨大作用。

那天，瓦伦蒂娜跟我保证，她从荷兰回到意大利，路过斯特凡诺的家时，会第一时间把我介绍给他。六月，那一天如期而至。我像往常早晨一样，乘坐了公交汽车，手放在栏杆上，抬头望着天空。这时，瓦伦蒂娜给我打来电话，兑现了她的诺言。"莫洛，斯特凡诺·马尔扎诺要来吃午饭！你要不过来喝杯咖啡？这样你就能见到他了！"

我盯着摩托罗拉手机，简直不敢相信自己听到了什么。后来，我把这个手机跟那个年代的其他纪念品都保存到了今天。我有幸见到了传奇人物马尔扎诺——这位飞利浦设计公司的全球设计主管。

但是，那天的情况相当复杂。那天下午，我要跟球队一起训练。任何踢过那种级别足球的人都知道，训练非常重要，谁都不想错过训练。去赴约的路上经过我家，而且，我当时已经在路上了。除了这些，我还有一些其他事情要处理，这让我更难如期赴约。与其立马下车，去见一个我不认识的成年人，而且还是在其他人的家里见面，我宁愿继续留在公共汽车上，找借口说，我有足球训练，无法赴约。毕竟，后者对我来说更容易做到。

我需要离开自己的舒适区。但当时我才 20 岁，跟其他同龄人一样，被这位成功人士吓到了。我看了他的很多访谈记录，也在很多书籍与文章中读到过他。我能跟他说些什么呢？

他又会问我些什么呢？我才刚开始学习设计，而他足足比我年长 25 岁。他可是比我多积累了 25 年的经验和人生阅历！而我大多只跟同龄人有过交流，而且跟同龄人在一起交流时，我感到舒服自在。大多数时候，我甚至倍感自信。可是，他是一个陌生的长者，周围还有其他陌生的长者。我能告诉他什么？我会显得特别愚蠢吗？我会不会不够幽默而让自己难堪？我能感觉到自己当时非常焦虑，百感交集，各种我甚至没有意识到的情绪涌上心头。它们在我的脑海中悄然掠过。经过有意识的思考，我找到了便于理解的借口，避免让自己陷入风险。对大多数人来说，这是常态——这种常态万般邪恶，不可捉摸，迫使我们错失了无数机会。

正如我的祖先所说的那样："财富眷顾勇者。"我一直觉得这个谚语相当有道理。它并非简单乐观地告诉我们，如果我们再无所畏惧一些，我们就会运气爆棚，如有神助。这句谚语的智慧存在于数据事实中，即如果你冒险，还常常有意冒险，那么事情迟早会向好，这是概率学的问题。相反，如果你花时间做梦，规划更美好的未来，却从不去实践，也无法勇敢地全身投入其中，那么，运气永远不会降临到你身上，助你成功。如果我们坚持实践，我们就更可能半路获得运气的加持。从统计学上讲，我们获得命运帮助的可能性会增加。如果我们专注于提升自己的才能——勇气、智慧和创造力——那就更好了，我们也更有可能在正确的时间、正确的地点，遇到正确的人。只有这样，奇迹才会发生。

财富眷顾勇者。于是，我拿起摩托罗拉手机，凑到耳边，跟瓦伦蒂娜说："太好了！我正好没事。我马上到！"我下了车，寻找去她家的正确路线。我意识到，最好的方式就是步行。为了能够按时到达，我没有吃饭。我一会儿走，一会儿跑。我实在是太开心了。大约一个小时后，我空着肚子来到了她家。可是，我心里紧张极了，我能感受到肾上腺素在我的身体里疯狂流动。天气炎热，加上心里紧张，于是，我出汗了。我拥抱了瓦伦蒂娜，先跟她的父母握了握手，这是我第一次见到他们。然后，我又跟斯特凡诺握了握手。他的父母请我喝了一杯咖啡。后来，我们开始聊了起来。我现在几乎不记得当时说了些什么了。

我记得他对设计的满心热忱，那种热情充满着孩子气息，跟我在家里感受到的非常相似。毕竟，我在父亲绘画和母亲写作时都能感受到那种热情。我只隐约记得我们谈到了飞利浦开始研发的手机，以及公司想到的一些创新功能，包括出乎意料的新铃声。在那些年里，飞利浦一直在设计和发售手机以及其他数百种电子消费产品。在那之前，市场上的所有手机的铃声都相对单调，就像人们习惯从家庭电话上听到的声音一样。但是斯特凡诺不断尝试，他拿出自己的手机，让我听铃声。这简直太神奇了，那天晚上我一直跟朋友用意大利语说："酷极了！"（*Che figata!*）他非常自豪地分享着这个项目，可能他自己也觉得这个项目神奇无比。我能感受到他的积极向上、满心热忱和远见卓识。

　　那次见面非常激励人心。我近距离接触了他以人为本的创造力，第一次感受到了这种创造力带给斯特凡诺这类人的潜在影响。我能看出他的精神和成就彼此关联，密不可分。在那之前，我只是远远见证了他的成功和成就。那天，我真实感受到了他的灵魂和动力。因此，我开始更加密切地关注他。我不再错过任何一篇文章，跳过任何一次采访。每当他在米兰举行公开讲座时，我都会一场不落地参加。可是，我做的远不止于此：我刚研究完哲学，又深深着迷于知名学者与其年轻学生之间、导师与学生之间的书信往来。他们通过书信交流理论，解读现实，设想更加美好的世界。我们也通过阅读这些书信清楚了解他们的思想。因此，就像哲学家曾经做过的那样，我拿起了笔和纸，开始写了起来：就是那种设计师之间的书信！事实上，我并不指望能收到回复。或许，我希望收到回复，但是我作为一个哲学设计师，能够给这样的人写设计、创新与社会相关的书信，我在精神上是十分满足的。如果我没记错的话，我在这几年里只寄出了两到三封信。正如我所料，我从未收到任何具体回复。

　　然而，在某个时刻，斯特凡诺决定给我一些更具意义的东西作为回报，这给我的人生带来了非常重要的影响。1996年9月6日，他寄给我两本由他和他的团队创作的书籍。一本叫《未来愿景》（ *Vision of the Future* ），另一本叫《新产品、新媒体、旧壁垒》（ *New Objects, New Media, Old Walls* ）。在这两本书里，斯特凡诺与一个设计师、社会学家和科学家组成的团如果我们坚持实践，我们就更可能半路获得运气的加持。从统计学上讲，我们获得命运帮助的可能性会增加。如果我们专注于提升自己的才能——勇气、智慧和创造力——那就更好了，我们也更有可能在正确的时间、正确的地点，遇到正确的人。只有这样，奇迹才会发生。

队一起设想和定义了科技未来，并且提出了一些想法和理念。20 年后，这些想法和理念已经变成了当今生活中广泛使用的产品和服务：从苹果平板电脑（iPad）到云服务，从视频电话到虚拟现实眼镜。在这些书上，你可以找到数百种物理产品和非物理介质解决方案的设计种子。如今，它们广泛存在于我们的日常生活中。我很喜欢这两本书。它们让我着迷，让我备受激励，让我比以往任何时候都更加欣赏设计这份职业以及设计师设想和定义未来的能力。从根本上来说，这些书籍让我爱上了如今很多人所说的创新以及设计师口中的设计。在那些年里，我明白了自己想要余生实践这种设计——创新设计。

斯特凡诺的礼物也对我的生活产生了另外一个重要影响。在这两本书的扉页，他都给我写了一段赠言："我也寄给你这份'项目文件'，这是为数不多的双语文件。这样一来，你就能够熟练掌握英语了。"然后，他还在接下来的几页上写道："附言：莫洛，意大利语文本中存在很多印刷错误！（我快把荷兰人逼疯了）可是，英语文本正确无误。试着双语阅读吧。"斯特凡诺用这两本书催促我学习英语。那时候，我压根不会英语。我是为数不多仍在学校"被迫"学习法语的意大利人。在那些年里，意大利的教育体系中仍有很多法国教师，虽然英语很快成为全球世界里不可或缺的语言，但是很多意大利学校仍提供法语教学。我 10 岁时，偶然被分到了这样的班级学习法语，我别无选择。几年后，我遇到了马尔扎诺，并告诉他，我未来想跟他一起工作。于是，他直接问我会不会说英语。我告诉他我不会，然后他告诉我，要想在他的飞利浦团队中工作，就必须学会英语。那一刻，我明白了英语不仅仅是进入飞利浦的关键，也是我想在任何公司达成斯特凡诺那种成就与影响力所必须具备的基本能力。

永远不会为时已晚

可是，学习英语并不容易。我的生活已经够充实了：我每个星期一到星期五要从瓦雷泽到米兰上课，通勤大概总共需要花费四个小时。然后，我晚上要参与一周四次的足球训练，星期天还要参加足球比赛（通常是客场比赛），暑假还要参加训练营。当然，我也有自己的社交生活。我没有空闲时间来学习英语或者练习英语，尤其是在瓦雷泽这种见不到几个外国人的小镇。事实上，我那时已经20多岁了。我学习英语的时间比同龄人大概晚了10年。毕竟，他们从上学就开始学习英语，那时已经说得很流利了，或者至少在我这个外行看来，他们的英语已经说得相当流利了。我觉得要学习英语，达到职场必需的水平，对我来说有些为时已晚了。

那时候，社交媒体尚未诞生，互联网也鲜有人知，人们学习一门跨越国界、全球通用的语言，会面临相对较小的压力。人们仍然认为，任何人都可以在意大利的任何行业里飞黄腾达，不一定要学会英语。或者说，至少我和我的家人这么认为。他们既不会去全球各地旅行，也不认识什么国际朋友或同事。可是，斯特凡诺的话促使我开始学习英语。那两本书给了我之前缺少的灵感、能量与动力。我希望像斯特凡诺在飞利浦公司里那样构思梦想，希望推进类似规模和量级的项目，并产生那种程度的全球影响。英语是实现这些梦想的重要工具。

因此，我决定放弃去巴黎学习一年的伊拉斯谟交流项目的奖学金。我又等了一年，重新申请了英语国家的补助金。这是有风险的：我放弃了一笔去法国留学的奖学金，我不确定是否还能再次获得资金去另一个国家留学。毕竟，我可选的学校已经很少了。尽管如此，我还是努力尝试了。就这样，我获得了去都柏林留学的机会。1997 年 12 月，我离开意大利前往爱尔兰。我告别了意大利的家人和朋友，放弃了与那些友人相处的机会，也放弃了拥有更佳足球赛季的机会，毕竟，那年夏天我刚签约了一支新球队。换句话说，这个举动并非易事。更复杂的是，我去都柏林留学，不是为了学习英语，而是去学习设计，还必须使用一门我压根不懂的语言来学习这些东西！我的经济状况不足以支撑我放弃一年的时间专门学习一门新语言。最有效的方法就是在六个月内兼顾英语与设计学习，而且我需要掌握得足够好，才能通过大学水平考试。

简而言之，这个决定一点也不简单。

时至今日，我知道这是我一生中做过的最正确的决定。在都柏林求学的这一年，我非常充实。首先，我的英语水平提高了，在接下来的几年里，我甚至可以成为去美国总部担任跨国公司的高管。除此之外，都柏林让我第一次体验到了意大利以外的生活，这给了我独特的机会，也获得了一种截然不同的视角，来观察自己的国家以及我在那儿的生活方式，既可以欣赏它的价值，又能发现其中的不足。这改变了我的思维方式。

我离开意大利时已经 23 岁了。那时候才学习英语似乎为时已晚，而且抛开自己热爱的事物实在太难了。但我打定主意，全身心投入其中，去尝试，去试验。这是个多么正确的选择。如果没有这个决定，我不会取得今天的成就。这些成就最终给我带来了深刻的满足感和强烈的幸福感。永远不会为时已晚！这是我的生活感悟，也是我的人生格言。我会一直重复这句话，尤其要说给那些在生命中的某一时刻，发现自己身处困境从而放弃尝试的人。

当我面对不得不学习另一门语言的困难壁垒时，想要成功登顶谈何容易。我需要其他人的帮助，需要那些在壁垒的另一边自由奔跑的人拉我一把，给我一个了解地平线以外世界的机会。我还需要另外一个人，他能用正确的方式推动我、激励我，让我能够克服困难，成功到达顶峰。这就是我所做的事情——攀登壁垒，克服困难。当登上顶峰后，我发现，我面前的世界远比我想象得还要广阔、美丽和壮观。

在那些年里，我不仅学会了英语，还从国外视角发现了意大利的独特魅力，同时也发现了爱尔兰的魔力。爱尔兰也相当美丽，但又与意大利的美截然不同。我大学班级里大概有几十名不同国籍的同学，在这个班级里我学到了新的东西，发现了多样化的巨大价值。我也发现自己有能力独当一面，虽然远离家人，我也能养活自己，因为我在学院的食堂里洗碗，这是我在学习英语前唯一可以找到的工作。相比于同龄人我有些黯然失色，这让我倍感痛苦。"充满异国风情的莫洛"在前几个小时还感觉良好，但很快就筋疲力尽了，因为爱尔兰的学生很难跟我交流。毕竟，我这个外国人既不会说英语，也不会开玩笑，更不会给别人带来欢乐或自娱自乐。这种情况一直持续了几个月。直到后来，我能够正确表达自己的想法了，于是，在新结识的爱尔兰朋友眼里，我不再那么充满异国风情了，我们也能够更愉快地相处了。

魔力：成功的领导者给予回馈

也许斯特凡诺·马尔扎诺自己都没有意识到是他给了我这个机会。多年来，我常常在想，如果斯特凡诺没有给我寄那两本书，我会发生什么。他的这个举动仿佛给我施了两个魔咒。

第一，一个日理万机、事业有成的领导者偶然间知道了我，决定花些时间，送我两本书，思考要写给我的赠言，写好后找到我的地址，然后把书从荷兰寄给远在意大利的一个年轻人。这算是巨大付出吗？不，不完全是。会有很多人做这些事吗？不，可能不会。通常来说，他们不会这么做。一个大人物的小小付出确实给那个年轻学生的人生带来了巨大影响。有一点非常清楚：斯特凡诺并不了解我。那时，我们只见过一次面，他也只是收到过我的几封书信而已。他不欠我什么。我出身普通，不会跟他产生任何关系。他寄给我那两本带有赠言的书没有任何目的，也不图任何个人利益。这只是一个简单的善举。我在一年前跟他一起喝过咖啡，那次见面之后他成为我的导师，对此他毫不知情，我只是单纯地关注他，研究他，远远地欣赏他的作品。

魔力：年轻人寻求激励

在我跟斯特凡诺的故事里，第二个神奇的魔咒是，一个20多岁的年轻人努力寻找一位激励人心的榜样，并决定选择他作为自己的虚拟导师。我之所以用"虚拟"一词，是因为斯特凡诺并不在我身边。他不是我的老板、同事、教师，甚至都不是我的朋友。起初我只是积极主动地关注他，通过文章和采访来研究他，远远地向他学习。他区别于榜样的原因在于：他和我之间有过一些互动。他知道远在意大利的某个地方有个年轻的粉丝，但他不需要做任何事情。他在一家荷兰公司领导设计工作，我只是一个才刚刚进入意大利米兰理工大学开启设计旅程的年轻人。

在那些年里，我从他的身上学到了很多，我默默地观察他的工作成果，研究他的很多项目，了解他的领导力对公司产生的影响，知道许多与他直接共事的人的故事，阅读他在书籍和讨论中的论述。在我毕业时，也就是我跟他第一次见面四年后，斯特凡诺向我提供了一份米兰飞利浦设计公司的工作，那是我的第一份正式工作，顺利开启了我的职业生涯。我只在飞利浦工作了一年。那段时间虽然短暂，但对我至关重要，我受益匪浅。几个月后，我遇见了克劳迪奥·切切托。那时，我已经准备飞翔了。我张开双翼，飞向了那片设计天空。接下来发生的事我已经告诉过你了。

寻找你的导师——不要寻找借口

当我听到人们抱怨他们住在遥远偏僻的地区或者没有机会结识一位好导师时，我总是向他们传输我的三类导师理论：理想的元老级导师、渗透型导师和虚拟导师。

多关注你身边那些独一无二、与众不同的人，直到你成功地找到自己理想的元老级导师。要积极提问，主动跟他们对话，才能获得灵感。

有时在你的生活里，你会遇到一些非常特别的人。从统计学上讲，你大概率迟早会遇到这些人。可是，当你真的遇到了他们，你就需要做好准备，准备接受教诲和激励。否则，你很可能会悄然错过他们。你必须终生为徒！寻找自己的克劳迪奥·切切托导师，从他身上汲取能量，在潜移默化的影响中他就成为你的渗透型导师。

今天，有了互联网，我们比以往任何时候更容易接触到无数潜在的虚拟导师。我们可以通过他们的社交媒体平台与其直接建立联系；我们可以观察他们在职场和日常生活中的表现；我们还可以研究他们，有时甚至可以向他们主动发问。这都取决于我们如何选择合适的导师人选，作为我们的灵感来源。我们需要找到斯特凡诺·马尔扎诺这样的导师。如果我们选的这个人跟我们产生了互动，即便是偶尔互动，他就成为导师，或多或少给我们的生活带来了积极影响。

即使这个人没有与我们互动，我们还是可以主动提出一系列问题，并尝试用他的智慧和经验来回答，我们可以阅读他的书籍和文章，观看他的采访和谈话，从中获得启发。我们至少可以把他当作榜样，直接从其渊博学识中受益。在过去的30年里，我从一系列人选中确定了自己的榜样：柏拉图、亚里士多德、塞内卡、达·芬奇、帕斯卡、尼采、安迪·沃霍尔、乔布斯等。有时，我几乎把他们当成了理想的元老级导师——有点幻想也无妨！我凭借想象，向他们提出问题并获得答案。我会经常提问：遇到这种情况时，安迪会怎么做？乔布斯会怎么回复这封邮件？布莱兹将如何应对这个问题？我会根据他们的原则、理念和生活方式，来回答自己提出的问题。

无论怎么称呼他们，请找到可以激励你的人，即便他们不会做出回应，也不会跟我们见面。多年来，我一直试图把这些人的理念引入我的团队，给我们团队带来灵感。比如，我就是这么将史蒂夫·乔布斯引入团队的。沃尔特·艾萨克森的《乔布斯传》是我读过的最激励人心的书。几年前，我买了100本，分给了百事公司团队里的每个设计师，希望他们在阅读这本数百页的巨著后，可以像我一样，从中找到动力，汲取能量，感到兴奋。读完这本书后，我的心情错综复杂，难以言表。我合上书，站起来，准备去改变世界！

相反，如果你已经是一个事业有成的领导者，而且有人受到了你的激励和启发，或单纯沉迷于学习你的经验，你在真正接触他们时，请不要吝啬伸出援手：慷慨分享你的经验，倾听他们的心声，用心给予回馈，向他们传授一些你获得的灵感和运气。两本带有赠言的书改变了我的一生。这还不够深刻吗？如今，在社交媒体的世界里，这一切远比以往任何时候都要简单得多。如果那个人愿意接受，并感激你的回复，认同你，那么，请你认真回复其在社交媒体上发来的问题，这会给他带来深远的影响。你无须付出任何代价，却深深地影响了另一个人。20 年前，我就经历了这样的事情。

结语 幸福的设计：创新的终极目标 ✅

　　这些年来，我努力求学、工作尽职尽责。我始终怀揣着同一个梦想：创造一些改变人类生活的东西，给整个世界带来积极影响，这是我从小就有的目标。我想要创造一些东西，来满足人类的需求和愿望，以某种方式给他们提供某种价值。它可以是一个创意，一个产品，或者一种体验。我当时一无所知，而且很久都没有意识到我一直在寻找的其实是不朽的精神。我们可以为周围的人乃至整个社会创造有意义的价值，从而获得不朽的精神。它是一种愿望，一种需求，一种本能。这是最高层次的需求，位于马斯洛需求层次金字塔的顶端，属于梦想、自我实现的范畴。

　　有了这些创意、产品与体验，即便我们有一天辞别了这个世界，也可以永垂不朽。正因如此，我始终相信随着时间的推移，真实有形的价值能够持续存在下去。我们可以用一个简洁有力的词语来阐明这个理念：遗产（legacy），即一种文化传承，它既抽象，又虚幻。

　　当我离开 3M 公司加入百事公司时，我满怀热情，准备迎接全新挑战，但也难掩悲伤，我感觉自己留下了一些尚未完成的事情。10 年前，我在米兰一家美国公司的小办公室里启动了一个项目，来构建一种设计驱动的创新文化。可是，我迟迟没有完成它。但我希望在我离开后，设计团队能够继续工作，然后在新的创新文化的领导下不断发展。那是我留给3M公司的遗产。

多年来，我一直试图成立一个组织，让它可以在我离开后继续发展。可是，它一直没有达到成熟阶段，还需要多一些时间，利用更多资源，推进更多项目，引入更多的独角兽。我告诉公司我要辞职时，也表明我会帮助团队找到绝佳领导者，来接管我们在这10余年的努力成果。我们在明尼苏达州圣保罗建立了一所设计中心，这里有彩色的墙壁、粉色的地毯和引人注目的家具。这里的人个个都非常优秀，独具匠心，为人善良，不断展现创意，追逐愿景和推进项目，为3M公司乃至整个世界创造物质和精神财富。我刚进入百事公司时，先花了些时间与人力资源团队沟通，用我的独角兽理论提醒他们。只有这样，他们才能应用这种理论来寻找人才。我起初压根不认识埃里克·昆特（Eric Quint），但他直接通过领英联系了我，并告诉我，他对我之前任职的首席设计官岗位比较感兴趣，问我可不可以把他引荐给3M公司。我非常乐意这样做，毕竟，他也是从斯特凡诺·马尔扎诺的"飞利浦学校"毕业的。经过筛选，埃里克成为3M公司的首席设计官，我立马给他写了信，对他表示祝贺，还表示我打算留在纽约一段时间，跟他分享我所知道的关于3M公司的一切。我希望给他提供必要的工具，让他顺利接手工作。

我已经离开双子城好多年了。今天，我从远处看向3M公司时，发现设计已经在这个公司中不断发展和繁荣，我感到十分欣慰。这就是我努力的方向。埃里克在我奠定的基础之上继续发展，带领 3M 公司的设计工作进入了全新阶段。2020 年，他离开了公司，又将设计工作交给了另一位新领导者——布莱恩·赖斯（Brian Rice）。他正在带领设计团队开拓全新领域，实现新的目标。

然而，在百事公司，我从一开始的目标就是创办一个能在未来十几年里不断创造价值的组织，无论我今后是否还在那里。这是我多年来一直在推进的最为重要的项目，这似乎是一种慷慨的高尚行为，但事实上，这是我一直沉浸在另一段旅程中带来的最直接结果：这是一段亲密、持续、永恒的旅程，我们所有人都在寻找着自己的个人幸福。

多年来，我受到根植于人类科学世界的理论启发，发现了人生的三个维度。我希望人们高度关注它们，并在其中投入时间、精力和资源。

我

第一个维度是个人实现。我们在与他人的关系中定义自己的身份，谋求个人实现。个人实现最常见的表现形式就是我们的个人事业或工作成果，但不仅限于此，我们还可以在日常生活中通过自己的爱好、兴趣以及参与活动来实现。你对自己所做的事情感到满意吗？它是否代表了你的真实身份？如果没有，那是时候做出改变了。

我和你

第二个维度是我们与他人建立联系，特别是跟家人、朋友以及爱人的联系。这是一种双向交流。我们向他人传达爱意、善良、尊重、热情、灵感的过程中会收获满足感，同时，从他人那里接收这些正能量时，我们也会感受到强烈的幸福感。

我们和其他人

第三个维度超越自我：这个维度寻找的是比我们更伟大的、超越个人利益的东西，能够在更大范围内发挥影响力的东西，为特定群体乃至整个社会创造价值。这一维度的思想根基是我们要馈赠世界，不求任何回报。它在生活中的应用范围相当广泛，小到慷慨的知识分享，大到慈善行为，乃至通过我们的专业特长、社会资源和个人平台，促进世界进步和繁荣。

在我的职业生涯中，这三个维度一直在三个不同方向上激励着我前进。

我是谁

首先，它们激励我以一种精确、鲜明、独特、创新的方式定义自己的职业身份。我一直游走在设计与商业、美国与意大利、理性与创造力、实践与理论、执行与战略之间，投身于世界上最大的组织里。可是，我就像对待初创企业一样，一直管理着那些思维敏捷、处事灵活、流程精简的团队，轻松适应灵活多变、不断发展的环境。我的热情、项目、尝试、成功和失败是让我确定身份和获得个人满足感的重要支柱。

个人关系

关于第二个维度中的个人关系和爱情，很明显这看起来是一个私人领域，与职场毫不相关。对大多数人来说，情况确实如此：他们早上穿上外套，打好领带，从床头柜上拿起钥匙和徽章，把爱和微笑留在家里。他们就像这样去工作了。他们晚上下班后，筋疲力尽，内心孤独，回到家后才慢慢恢复活力。我的世界从来都没有过这样的场景。在我组建的团队里，每个人都关系紧密，彼此尊重，拥有着柏拉图式的友谊。这是基本美德，也是为公司、用户、社会创造价值而不可或缺的组成部分。我们一生中大多数时间都在工作，隐藏个人情绪毫无意义——这是导致不幸福的罪魁祸首。

个人目标

第三个维度是我的梦想、事业和目标，它超越了我本身，赋予了我意义。在我的职业生涯中，我一直肩负两大使命。

第一，为世界创造价值，产生设计解决方案，满足人们的需求和梦想，给他们带来切实可知的价值；第二，帮助组织重新确定设计在商业世界中的定位，解释设计，赋予它全新角色，提高它的知名度、权威性和影响力。如果你认同设计是一门完全基于为人类创造价值（即以人为本）的学科，那么，你就会明白，第二个目标会如何助推第一个目标的实现。

人们常常误解设计的角色。由此，设计常常为之抗争。多年来，在这场抗争中，我一直想方设法地支持设计。在3M公司和百事公司的全球舞台上，我向世界大声疾呼，设计界所能做的事情远远超过它迄今为止所做的事情。我与商界结盟，与商界人士一起工作和创造，一直在思考如何为全球所有企业的设计团队提供全新机会。

我已经接受邀约，加入了很多协会，例如设计管理协会、国际儿童艺术基金会、米兰理工大学基金会等，参加了《设计美国》等电视节目，向公众传达设计的理念。我还参加了"设计先锋"（Design Vanguard）等活动。该活动由我的朋友——爱彼迎联合创始人乔·杰比亚和IDEO公司首席执行官蒂姆·布朗（Tim Brown）共同发起，旨在让创意领袖利用其资源和影响力，创造一个更公正、安全和美好的世界。我一直慷慨地将大把时间花在会议、学校和媒体上。当其他首席执行官上任后，我也为他们服务，始终以提高设计在全世界的地位为目标。

可是，我的最终目标始终是为我们的社会创造价值。我想要确定设计对象的需求和愿望，并创造相应的解决方案。这些解决方案涉及有意义的产品、品牌、空间、服务和体验。我很早就明白，我的幸福旅程就是致力于推进伟大项目，通过这些项目，为其他人带来幸福。归根结底，满足人们的需求和愿望是通往个人、社会、集体幸福的理想之路。

我们周围的一切事物都是由人设计的

我们周围的一切事物，不是由大自然母亲创造的，就是由人类、设计师、创新者或企业家经过想象、思考、设计和建设而成的，无一例外。我用来写下这些文字的电脑、穿的衣服、坐的椅子、住的公寓、窗外掠过的飞机、餐桌上那杯放凉了的咖啡，甚至是我新买的产品的包装及其广告宣传，这一切都是由人设计的。

总的来说，我们通过设计的产品、品牌、服务、体验，每天都会接触到世界各地的人。如果我们的解决方案构思完美，那么，我们最终将为人们的生活带来价值，产生积极的影响。如果我们的解决方案设计不当，就会让人们的生活变得更加复杂、困难和痛苦。如果全世界的所有公司，无论大小，都在其创新过程中共同遵循有意义设计的原则，如果他们从美学、功能、生态、社会、情感、智力和金融的角度出发，构思出一套可持续的解决方案——那么，这些解决方案会成为无数珍贵的碎片，最终组成一个巨大的、通用的、虚拟的超级项目。这是最美丽和最重要的项目，能够为社会不断谋求幸福。

作为设计师、创造者或企业家，我们手中掌握着独一无二的机会，肩上承担着巨大的责任，即设计产品，以追求更美好的未来，推动社会朝着正确的方向发展。

我们工作的每家公司都承担着这样的使命，这并不意味着我们创造的每款产品都将是完美的。如果追求完美，那你就过于天真了——这是一个无法实现的梦想。相反，我的梦想要真实、具体、可行。我们在创造每款产品时，都要适度紧张，力争完美。我们必须在强加给我们的历史、社会、技术和商业限制下，努力创造出最有意义的解决方案，始终重新界定这些限制，重新构思可能与可信的界限。

让我们设计更加美好的世界

这意味着，无论是作为员工、业主、客户还是顾问，我们在工作的每家公司里，都必须以一种不偏不倚的方式，将有意义的设计原则进行推广，投身于给世界带来积极的影响。这些努力也会给公司创造巨大的价值。我们现在生活的时代之所以如此非同寻常，是因为我们终会在很多方面迎来这种积极的变革。新技术、全球化和数字化正在打破许多进入壁垒，纵观历史，这些壁垒一直保护着我们周围的众多平庸的产品、品牌、体验和服务。但是今天，你要么为用户创造出非凡的产品和品牌，要么等着别人来做，然后取代你。我们正在进入卓越时代，在这个新世界里，每家公司都更需要设计驱动的创新——这是一种完全以人为本的创新方式，需要满怀真诚，执着，以及关注每个人的需求和愿望。

我们要与用户为伴，一起携手进行创新。我们要像独角兽一样思考行事。

我们要与周围的人合作，携手拥抱创新。创新旅程也是发现自我的旅程。我们在这个旅程中会结识朋友、导师和合作伙伴。我们具有绝佳创意和炽热之心，利用同理心、慷慨、智慧、乐观、坚韧、好奇心、热情、尊重和爱的力量，把不友好的人转变为非凡的支持者，我们将成为关爱他人的人。

让我们设计幸福

所有这一切的神奇之处在于，如果我们以诚实的方式进行创新，不期望任何回报，只为促进社会进步，从中获得快乐，那么，我们总会得到一些东西以作交换，产生一种积极的附带效应：项目、想法和行动总是代表着我们又朝着实现最伟大的梦想迈进了一步，让我们离实现个人幸福越来越近。在这个完美的循环中，为他人寻求幸福是实现个人幸福的关键。如果我们这样思考行事，那么，个人和群体的利益将与整个社会的利益同步。这是我的梦想，我的人生计划——这就是我生命的意义。

创新自检　构建以人为本的创新文化 ⊘

请阅读下列问题。你可以利用它们评估你的团队或整个组织的文化。你是关爱他人的人吗？

我是否利用以人为本的方法来推动创新？

● 在我的创新项目中，我是否把为人们创造价值视为最终目标？还是我过于妥协，只创造出普通的解决方案，然后试图使用进入壁垒加以保护？

● 我是否试图将一项技术商业化，仅仅是因为我有机会获得这项技术，可是它却没有给人们带来任何实际价值？

● 即使某个品牌无法引起人们的共鸣，但只因为我拥有这个品牌，所以我决定将其商业化？

● 我知道如何结合同理心、战略和原型设计，来推动创新？让我们分享一个创新的具体案例。

● 我是否经常进行原型设计——通过绘制草图、快速模拟和参考真实模型？

● 我是否经常使用原型设计与终端用户验证想法，同团队成员达成一致，让其他人兴奋不已，并获得赞助？

● 在我的创新项目中，我的公司是否拥有正确的文化，能够欣然接受我提出的变革？如果没有，我制订了什么计划来改变这种文化？

● 在我的创新项目中，我的公司是否拥有正确的商业模式，能够支持我提出的解决方案（产品、品牌、服务）？如果没有，我制订了什么计划来改变现有的商业模式或同时建立一个全新模式？

● 在我的创新项目中，我的公司是否拥有正确的流程和技术，能够支持我提出的变革？如果没有，我制订了什么计划来搭建或获得这些流程或技术？

● 在我的创新项目中，我是否从始至终利用了创新的三大维度——用户合意性、技术可能性、商业可行性？

● 我是否使用正确的标准来评估创新项目参与者的创新思维？

我是独角兽吗？我是否在尽我所能地成为独角兽？

创业天赋

● 我是否能平衡愿景、试验和执行？

● 我看待事物是否拥有独到见解？

● 我相信自己的直觉吗？

● 我是否能够结合直觉和分析来做每件事情？

● 我是否能够从直觉出发，利用更具分析性的方法来制订计划？

● 无论上司要求我做什么，我是否都能主动发现机会？或者我只是一味地等着上司分配任务或项目。

- 我是否一直在寻找问题根源，提出问题？

- 我是否每次都会加倍努力？我上一次加倍努力从而超乎预期是什么时候？

- 我是否紧跟最新潮流？我是否知道每日动态？如何知道的？我该如何保持消息灵通？

- 我是否曾尝试掀起潮流？为什么不尝试呢？又为何不该尝试呢？

- 我真的关心创新的目标群体吗？我真的想要为他们创造一些有价值的东西吗？我关爱他们吗？还是我只想要他们购买我的产品，让我的公司赚钱呢？

- 我曾经冒过险吗？我上一次冒险是什么时候？

- 阻止我冒险的因素是什么，我又该如何克服？

- 当我决定冒险的时候，我是否能够采取适当行动或制定恰当制度（安全网），来保护自己和团队呢？

- 我的品位好吗？我确实具有良好品位，还是仅仅自以为如此？我怎么那么确定自己的品位好呢？我真的确定吗？

- 相比于 10 年前，你的品位是保持不变，还是有所提高？

- 我该如何提高自己的品位？我有没有寻求他人的帮助，来评估自己的品位，并进一步提高品位呢？

- 如果我是一名设计领导者，我对其他设计学科的熟悉程度如何？

- 如果我不是一名设计师，我是否聘请了全面了解设计学科的设计人士来担任设计项目的领导者？

● 我是否了解创新项目的商业变量和技术变量？我做了什么来增加商业和技术知识？我的未来计划是什么？

社交天赋

● 我是否善待群体中的其他人？

● 我是否一直真诚待人，即使自己身处困境？

● 人们信任我吗？我确定吗？

● 我是否接纳与我想法不同的人？我见到与我想法不同的人，会感到害怕吗？仔细想想：不要带有偏见。

● 我能读懂房间里人们的情绪吗？

● 我能用自己的话语激励他人吗？我能用自己的肢体语言激励他人吗？

● 我是否能够调整自己的叙述方式，让不同群体更容易理解？例如，如果我是一名设计师，我是否精通金融、人力资源、科学等领域的语言？如果我是一名商业领袖，我是否精通工程师、心理学家或艺术家的语言？

● 我是否尊重与我背景不同的其他专业群体？例如，如果我是一名设计师，我是否认为商业领袖几乎无法理解我的想法？如果我是一名商业领袖，我是否认为设计师无法理解商业战略？

● 我有没有想过，自己可能误解了其他群体？敞开心扉、与其交谈可能启迪人心，改变生活。

● 我是一名故事讲述者吗？我分享故事的方式是否引人注目，是否能够激励他人认同我的想法？

- 我是否指导他人？如果没有，那为什么不指导呢？

- 如果我从未指导过任何人，我该做些什么才能指导他人呢？

- 我是否懂得享受？我在工作期间也能乐在其中吗？

- 我的同事喜欢跟我一起享受乐趣吗？我有跟同事一起享受乐趣吗？如果没有，为什么不一起享受呢？

赋能天赋

- 我具备好奇心吗？

- 我提出问题了吗？

- 我是否因为害怕提问而感到尴尬呢？如果是，那我为什么会感到尴尬呢？

- 我是否曾经停下脚步，看看街上的人？看看大自然的种种细节？看看建筑？看看万物？

- 我上次驻足观察陌生人是什么时候？我又看到了什么有趣的东西？

- 如果我忘记上次驻足观察是什么时候了，那么，我今天应该这样做吗？

- 我为人谦虚吗？人们觉得我为人谦虚吗？

- 我的傲慢是否曾经阻碍我实现目标？我确定吗？

- 我自信吗？如果不自信，我该怎么提高自信呢？

- 我知道自己的优势和机遇吗？我是否曾问过其他人，他们觉得我的优势和机遇是什么？

- 我是否倾听过他人讲话，还是我一直讲个不停？我能在会议上保持沉默吗？

- 我是否能够做出决策并采取行动，而不会执着于倾听而无所事事？

- 我能够快速决策并采取行动吗？我有没有拖累他人？

- 我看到的杯子是半满的还是半空的？

- 我能够依靠自己的乐观心态来处理困难情况吗？

- 我坚韧不拔吗？如果没有，我该怎么改变自己呢？

- 我能从他人身上学到什么？

- 我能够适应不安的环境，适应转变或变革吗？

- 我喜欢变革还是害怕变革？如果害怕，那我该怎么做，才能发现变革的积极一面呢？

谁是我的导师？我是谁的导师？

让我们构建自己理想的元老级导师。请列出一系列激励我们、以非凡的方式展现出特殊技能的人的名字。写下每个人的名字，并在名字旁边写清楚对应技能。这个列表便确定了我的元老级导师。

- 谁能成为我的渗透型导师？让我们想想所有亲近的人，找出自己有意识想要向其学习的人。

- 谁能成为我的虚拟导师？让我们追随着他，阅读他的书籍、文章，观看他的采访，倾听他的演讲。让我们试着在社交媒体上联系他。

- 我能成为他人的导师吗？我作为导师，是否会加倍努力予以回馈，例如，回应那些在社交媒体上主动联系我的人，或者为朋友或同事树立榜样？

我在设计自己的幸福吗？

● 是什么定义了我，让我与众不同？

● 在生活和工作中我是否尽我所能地分享自己对他人的爱意和关心？

● 我的目标是什么？超越我个人利益的事业是什么？我如何创造"遗产"，给他人带来价值，为世人所铭记？

推荐阅读

《创业心法：商业计划完全指南》

· 本书涵盖 26 个重点领域讲解，67 个经典案例剖析，是哈佛商学院、斯坦福大学、克兰菲尔德大学的课程精华，覆盖企业经营决策的方方面面。

· 帮助企业全面了解自身的优势和劣势，制定明确的发展策略，吸引投资者，提高管理水平，增加与外界的沟通效果。

《答商：让你的回答更有价值》

· 提高答商对沟通具有独特的价值，本书深入研究了答商（AQ）的概念和训练方式，旨在探索如何提高回话的价值，为读者提供了提升答商的实用策略。

· 训练应答思维，掌控关键对话，让你的回答更有价值，麦当劳前副总裁、思科副总裁等大咖倾情推荐。

《企业 AI 之旅》

· 作者展示了人工智能如何在营销、零售、医疗、教育、能源、运输、金融等领域中发挥重要作用，无论是对于希望了解人工智能的读者，还是对于希望在企业实务中应用人工智能的读者，本书都具有重要的参考价值。

· 作者开创性地提出了三层模型，助力企业打造 AI 进化路线图。